[日] 斋藤孝 著
潘咏雪 译

新手少年的大人生攻略

什么是真正的朋友？

中信出版集团 | 北京

图书在版编目（CIP）数据

什么是真正的朋友？/（日）斋藤孝著；潘咏雪译. -- 北京：中信出版社，2023.9（2025.9重印）
（新手少年的大人生攻略）
ISBN 978-7-5217-5885-6

Ⅰ.①什… Ⅱ.①斋…②潘… Ⅲ.①人际关系－青少年读物 Ⅳ.① C912.11-49

中国国家版本馆 CIP 数据核字（2023）第 131297 号

「友だちってなんだろう？」©2020 Takashi Saito
Original Japanese language edition published by SEIBUNDO SHINKOSHA Publishing Co.,LTD.
The simplified Chinese translation rights arranged with SEIBUNDO SHINKOSHA Publishing Co.,LTD., Japan through Rightol Media Limited.
（本书中文简体版权经由锐拓传媒取得，Email:copyright@rightol.com）
Simplified Chinese translation copyright © 2023 by CITIC Press Corporation.
ALL RIGHTS RESERVED

本书仅限中国大陆地区发行销售

什么是真正的朋友？
（新手少年的大人生攻略）

著　者：［日］斋藤孝
译　者：潘咏雪
出版发行：中信出版集团股份有限公司
　　　　　（北京市朝阳区东三环北路27号嘉铭中心　邮编　100020）
承　印　者：北京通州皇家印刷厂

开　　本：880mm×1230mm　1/32		印　张：5.5　字　数：70千字	
版　　次：2023年9月第1版		印　次：2025年9月第11次印刷	

京权图字：01-2023-2499
书　　号：ISBN 978-7-5217-5885-6
定　　价：35.00元

版权所有·侵权必究
如有印刷、装订问题，本公司负责调换。
服务热线：400-600-8099
投稿邮箱：author@citicpub.com

目录

引言　　　　　　　　　　　　　　　　　　　001

第1章　什么是朋友？

我们为什么需要朋友？　　　　　　　　　　007
朋友间的交往，为什么不顺利呢？　　　　　009
对成年人的社交方式仍不熟悉　　　　　　　012
区分自己的课题和别人的课题　　　　　　　015
不必和所有人成为朋友　　　　　　　　　　017
太多朋友是没有意义的　　　　　　　　　　019
快乐、欢笑和活力，这就是朋友的作用　　　022
与合不来的人和睦相处的能力　　　　　　　025
成为别人想再见到和想多交谈的人　　　　　028
现在不代表一切，友谊是变化的　　　　　　030
想建立自信心，就做自己喜欢的事　　　　　032
使友谊立于不败之地的三种能力　　　　　　034

第 2 章 通过爱好结识合得来的朋友

珍惜从爱好中扩展出来的世界	039
爱好三角	042
画一张偏爱地图，把喜欢的东西可视化	044
关注喜欢的东西，就没有不擅长交友的人了	046
同好胜过凑在一起的朋友	050
社团活动是同好者的聚会	053
比起交朋友，更要交伙伴	055
伙伴给你归属感	057
放眼校外	058
怎样才能遇到合得来的人呢？	061
智者的教诲	062

第 3 章 怎样拥有独处的勇气？

为什么你害怕独处？	067
主动选择独处	068
找到你的心灵之友或心灵导师	071

和看不见的世界里的人做朋友	073
独处时,你有了哪些新的想法?	075
你有独处的勇气吗?	077
协作是什么意思?	080
像犀牛角一样独自行走	082

第4章　为什么朋友离你而去?

"因为是朋友我才告诉你"是一把锋利的刀	087
"坦白讲"也是有破坏力的	088
否定语气惹人厌	091
容易被冒犯的人很难相处	094
拒绝别人的人自然无人邀请	096
惹恼别人时,你会坦诚地道歉吗?	097
被冒犯时,有回避的技巧吗?	099
癖好和习惯差异带来的冲突	101
尝试适应他人	103

第5章　需要拒绝的关系

"那种朋友，不如没有！"	107
大家都有欺负人的危险性	108
怎么阻止欺凌的连锁反应？	109
如何找到逃生路线？	111
与能够做出客观判断的第三方合作	114
试着转换思路，集中精力做点儿什么吧	116

第6章　朋友终究是好的

学会像成年人一样控制情绪和社交	121
没有友谊问题的"幸福三角"	124
喜欢独处的人需要朋友吗？	126
你是否能让那些逗你开心的人也微笑呢？	128
设身处地为对方着想的想象力	130
后悔也能为你提供动力，推动你继续前进	133
谁才是最好的朋友？	135

附录 | **缩短心灵距离的七种方式**

在保持社交距离的时代如何缩短心灵距离？ 141

七个技巧 144

不要怪性格，行动起来 157

结语 159

引言

本书旨在**帮助读者建立无压力的友谊，减少交友过程中产生的焦虑和担忧。**

虽然本书也可以满足成年人的阅读需要，但我更希望初中生和高中生能够读一读。因为相比成年人，中学生更有可能与朋友发生矛盾。所以本书的内容偏向于中学生。

我想通过本书传达的是：**与交友相关的问题看起来很复杂，但当你退一步，从旁观者的角度看，就会发现这其实很简单。**

当你遇到烦恼时，你可能会放大它对生活的影响。当与朋友发生不愉快时，你可能会觉得世界拒绝了你，没有人喜欢你。

然而，事实并非如此。在各种关系中，朋友只是其中的一种。即使友谊出现小的波动，也不会危及生命。

处理问题时，为了摆脱"灯下黑"的状态，我们需要有一个平和稳定的心态。

平和的心态实际上与思维能力有很大关系。如果你能够冷静看待并分析复杂的问题，发现其本质，就不会受困于不必要的焦虑。

保持头脑清醒的一个办法是把握词语的含义。**当你对一个词有明确的定义时，就更容易组织思想，看到事物的本质。**

对于"什么是朋友"这个命题，我想提出以下的定义：**朋友是能让你开怀大笑、变得精力充沛的人。**

能愉快地相处，给人带来开朗的心情和希望，所谓朋友，不就是这样吗？

如果你努力和一个人维系关系，却和他不是真正合得来，他既不能让你快乐，也不能使你发笑，你感到烦恼，甚至觉得痛苦，这种关系就不是正向的关系，而是障碍。它会束缚你的心，使你无法自由行动。

如果你有很多朋友，却不能和他们一起欢笑，那就不是幸福的友谊。

如果你在与人相处时感到不安或孤独，那是因为你只是在试图建立一个象征性的联系。这一点，你心知肚明。

当你站在高处重新审视友谊的本质时，你将能够把自己从"朋友"的魔咒中解救出来。

在本书中，我们将探讨什么是朋友、如何建立良好的友谊以及友谊到底是什么等问题，讨论各种社交技巧，帮助你重新思考有关朋友的问题。

新型冠状病毒的肆虐要求我们在与人互动的方式上有所创新。鉴于此，在本书的末尾，我们还会介绍在这个需要保持社交距离的时代，如何缩短心与心之间的距离。

你不必试图与所有人成为朋友。你只需要和那些喜欢的人做朋友，和他们一起开怀就够了。至于其他人，你尽可以磨炼社交技巧，以便能与他们和谐共处，避免争吵或互相伤害。

这是一个改变你对朋友态度的好方法。

来吧，让我们用清醒的头脑和敞亮的心灵，掌握成年人的人际交往能力，提高人生的幸福感。

第 1 章

什么是朋友？

我们为什么需要朋友？

亲爱的读者，我想问你们一个问题：

"你需要朋友吗？"

"当然需要了！"

"没朋友多孤单啊！"

我仿佛听见了大家你一言我一语地回答。

那么，我再问一个问题：

"我们为什么需要朋友呢？"

"因为人是不能单独生存的。"

"因为我们需要相互扶持，相互帮助。"

可能还会有人说："我从来没有想过这个问题……"

而我的看法是这样的：

你是否需要朋友，取决于你处于人生哪个阶段，取决于你的年龄，这是因人而异的。当我们长大成人，有人可能会开始觉得工作、爱人、家庭比朋友更重要，认为自己不需要朋友的人也就越来越多。然而，**在我们的孩童时代、初中和高中时期，我们都必须去交朋友。**

这是为什么呢？

因为，与其说我们需要朋友，倒不如说我们需要学会如何交朋友。

你可能也有这种感受：朋友间的相处，并不总是充满着欢声笑语。有的时候会很麻烦，有的时候会很不愉快。

正因如此，**我们才需要想方设法与别人搞好关系，与他人和谐相处，这才是你需要学习的处事方法。**

通过和朋友的相处，你能学会如何处理人际关系，为今后立足社会做准备。

朋友间的交往，为什么不顺利呢？

为什么上了初中后，交友的烦恼会增加呢？

这是因为你已经长大了，不再是一个小孩子了。不仅身体长大了，大脑也在逐渐发育，想法越来越成熟，你与他人的关系也在发生改变。

首先，**我们不会再像小时候那样很容易就能交到朋友了。**

小孩子们变成好朋友容易得很，一起玩儿就会成为朋友。小学的低年级仍然属于这个阶段，我们只要聊几句天，就很容易变得亲密起来。交友的门槛非常低。

我刚上小学时，交的第一个朋友是一个叫铃木的男孩。我们成为朋友的理由非常简单——我们是前后桌。那时，班级的座次是按照名字排序的，我叫斋藤，他叫铃木，我们的名字正好挨着，所以成了前后桌。我们会每天一起回家，并邀请对方参加自己的生日会。

上小学的时候,你可以和很多人交朋友。我也有很多朋友。我想,在小学的低年级阶段,可能有相当多的孩子被你称为"朋友"。

然而,随着大脑的发育,自我和自我意识从十岁左右开始发展,区分"自我"和"他人"的意识越来越强烈。

我们开始思考"我是谁",并开始关注自己的个性和外表。我们变得非常在意别人的眼光,并过分在意别人如何看待自己。我们将自己与他人进行比较,可能对他人感到羡慕或嫉妒,或向他人展示自己的优越感。

复杂的感情交织在一起,朋友间的交往变得不再单纯。

我们对朋友的要求也变了。**我们需要知道彼此是否有共同话题,能否产生共鸣,并考虑其他一些内在的因素。**

和朋友分享你感兴趣或喜欢的事情是很有趣的。你可以想怎么说就怎么说。

我记得上初中的时候，虽然在学校里说了很多话，但总是说不够，我还会在放学的路上站着和朋友聊上几个小时。

我希望朋友能倾听我说的话。

在我上小学的时候，如果遇到麻烦，我就会跟父母谈。然而到了初中，与父母谈论自己会让我觉得不自在，我甚至根本不愿意跟他们说话。特别是，我不想让父母知道自己喜欢的异性是谁，也不想让他们知道我在考虑的其他与性有关的事。

我希望跟心意相通的同性朋友谈论自己，分享自己的感受。我想要这样的朋友。

然而，要结交能与你分享感受的朋友并不那么容易。

对成年人的社交方式仍不熟悉

就像你有自己的想法和感受一样,其他人也有自己的想法和感受。别人不会按照你的想法做事。

你看到给朋友发送的信息已读未回。"这是为什么呢?"你对此感到沮丧和焦虑。

当你看到你所认为的挚友突然变得冷漠,转而和另一个孩子亲密起来,你会感到很孤独。

有一次,你没去参加团体的聚会,他们就开始排斥你,即使你告诉过他们你不能去,是因为你有别的事情要做。

一点儿小事就会引发误解,带来情感上的变化,这让你感到很难受。你不知道在这种情况下如何让自己冷静下来。

虽然在渐渐步入成人世界,但大家都仍然是这条道路上的初学者。

在与他人相处时,我们该怎么做呢?

在如何与他人打交道方面,我们都缺乏经验。

不成熟的人倾向于把自己不稳定的情绪原封不动地倾泻到他人身上,导致摩擦不断。

因为没有经验,无法考虑对方的感受,可能会在无意中伤害对方。

因为不熟悉彼此,所以经常发生误会。

而随着经验的增加,我们处理一些棘手问题将越来越驾轻就熟。

初学者在操作智能手机、电脑、游戏机和乐器时缺乏经验,但只要不断地练习,就会慢慢熟悉,达到熟练运用的程度。经过不懈努力,你会慢慢适应,逐渐变得得心应手。

人际交往也一样。初学者最不该做的,就是因为害怕犯错而失去接触新事物的欲望。如果不积累经验,你将永远学不会处理这些问题,永远停留在不成熟的状态。

让自己成熟起来的唯一方法就是尽快适应这个陌

生的环境。在你周围的人也是初学者的情况下，通过不断练习与人交往，使自己变得成熟起来。

如果你已成年，你周围的每个人都以成年人的方式交流，只有你在做不成熟的事情，你就会被人嫌弃。虽然他们不会明着说："你到底在做什么？！"

当朋友之间发生不愉快时，如果你能想："这是我积累经验的机会！""如果我克服了它，就会得到奖励！"那么，你就能用一种轻松的态度来解决问题。

最好不要太把它放在心上。换作另一个人，因为缺乏经验，可能也会出现相似的问题。

你的经验越多，就越不容易受到打击。你会想："哦，这种情况时有发生。"也能明白"这种时候，这样处理就好了"。处理人际关系的基本能力提高了，你也会变得轻松起来。

当然，恶意欺凌的情况另当别论，这需要在第三方——成年人的帮助下处理。

区分自己的课题和别人的课题

有些人说："即使其他人劝我不要太烦恼，我还是会很在意。"对此，我想把心理学家阿德勒的观点介绍给他们。

有兴趣的读者可以读一读岸见一郎和古贺史健合著的《被讨厌的勇气》，它是根据阿德勒的观点编写的心理学专著。

这本书采用了对话的形式，内容更加通俗易懂。

阿德勒说，所有人际关系里出现的问题都是由我们干涉他人的课题或他人干涉我们的课题而引起的。

他人的课题是我们无法控制的。

而我们的课题却可以通过自己制定解决方案努力解决。

阿德勒说，你需要把二者分开，并加以区分。他称之为课题分离。

把你能控制的事情和你不能控制的事情分开，不要担心你不能控制的事情，这就是处理好人际关系的诀窍。

例如，一个人没有做错任何事，但他的好朋友突然变得很冷淡。这就是"他人的课题"，是对方改变了态度。无论你问自己多少次"我做错了什么"或"是哪里不对呢"，你都无能为力。

所以你应该想："这不是我可以解决的问题。"

你应该考虑的是，面对这种情况你需要做什么。 想一想你能做什么，将此作为"你的课题"。

你可以试着跟对方保持一点儿距离，看看会发生什么。

你可能认为虽然这个人的态度变冷淡了，但他对你来说仍然很重要，所以你会说："即使他不理我，我仍然会愉快地跟他说'早上好'。"

或者你认为你应该尝试与其他人交往，而不是只关注这一个人。

你只需思考你要做什么,并专注于此即可。

这样一来,情况肯定会发生变化。你也许可以修复你们的关系,也可能会交到新朋友。

你只需要思考自己的课题,并展开行动。重要的是知道"我想做什么"。

不必和所有人成为朋友

"和所有人做朋友。"

"和大家和睦相处。"

小时候,父母或老师是否经常这样教导你?

这些话常常被用来教育幼儿,告诉他们不应该歧视别人,不要结小团体,要和睦地与每个人相处。

还没有形成他者意识或独立意识的儿童,在听到这些话时,能够努力地与他人友好相处,甚至成为朋友。

然而，当他们成为初中生，一切就没那么简单了。

如果告诉孩子，他们应该把所有同学都当成朋友一般和睦相处，坦率地说，这是不可能的。

我们每个人都知道，一个人很难与所有人和睦相处。

中学生已经不再是小孩子，他们开始慢慢靠近成年人的行列。所以，我认为他们不需要像小孩子一样，**被"和所有人做朋友"的观念所束缚**。不必和每个人都成为朋友。

朋友是你愿意相处的人，是与你心意相通的人。

然而，即使与不太可能成为朋友的人在一起，我们也应该努力建立和谐的关系，不伤害对方。

换句话说，要从两个层面考虑，既要有与你合得来的人交朋友的能力，也要有与你合不来的人融洽相处的能力。

作为一名中学生，你需要转换心态，以便拥有上述能力。

日本社会学家菅野仁写过一本书，名叫《朋友这种幻想》。该书出版于十多年前，但凭着又吉直树在电视节目中的介绍，在社会上引起轰动，重新进入了人们的视野。现在很多人都在读这本书。

作者菅野先生已于2016年逝世，但这本书仍在不断地启迪着读者。该书详细阐述了模糊的青少年友谊的本质。

菅野在书中写道：任何人都可以和你成为朋友，任何人都可以与你和谐相处，这本身就是一种幻觉。

我同意这个观点。你不可能和所有人都成为朋友，而这无伤大雅。

太多朋友是没有意义的

我注意到，"朋友"这个词最近被过度美化了，

它的分量太重了。

人们常说"朋友多了路好走""友谊是美好的"。我认为，越来越多的人正在被这种认识所左右。当今世界，人们似乎已经达成一个共识，即朋友越多越好。但我认为这种趋势是危险的。

由于互联网的存在，人们可以方便地统计出自己究竟拥有多少朋友。

你与社交网站上的人之间的关系被称为"朋友"。在社交软件上，朋友的数量用数字表示，变得清晰可见。如果朋友的数量多，就会被称赞"了不起"。

然而，**人数多并不代表你拥有很多的友谊。**

社交网络上"申请成为朋友—验证通过—成为朋友"这个过程在现实生活中是行不通的。

在社交网络上，如果你不喜欢一个人，你可以通过点击一个按钮单方面终止关系。有时，你甚至不知道加你好友的人到底叫什么，你也不知道他到底是什么样的人。也因此，各种各样的危险潜伏在未成年人周围。

朋友的朋友是朋友吗？

不，不，当然不是。朋友的朋友是别人。不要因为这个词好听就被迷惑。

一个人如果真的拥有很多朋友，并受到各种人的喜欢和爱戴，他并不会骄傲地吹嘘自己拥有多少朋友。

重要的不是你有多少朋友，而是你有多少良好的关系。

"死党"这个词也承载了太多的分量。这是一个非常危险的词。没有人能够说清楚什么是死党或最好的朋友，这只是一种感觉。

尽管如此，很多人仍然认为有死党是好的、了不起的。当你说没有死党时，就好像没有任何朋友可以和你谈论重要的事情，或者你的人际关系出了问题一样。

我们经常听到别人说："我以为你是我的死党，但你背叛了我。"

因为你认为他是你的死党，你觉得他在你的朋友中处于特殊的地位，所以当感情出现问题时，你会受到更深的伤害并认为对方不可原谅。

你还不如从一开始就不要把他当成你的死党，这样，说不定你会感觉更舒服。

还有一点，不要认为你必须有一个死党。

快乐、欢笑和活力，这就是朋友的作用

我希望人们不要被"朋友"这个词的模糊形象所迷惑。

如果你认为有很多朋友才好，你就会羡慕别人有很多朋友，也会为自己没有多少朋友而感到尴尬。而且，你会因为没有朋友而感到很痛苦，并且不希望别人知道你没有朋友。你害怕没有朋友，害怕独处。

很多人被这些想法所毒害，迫切地想与他人保持联系，即使对方不是他们亲密的朋友。

我把那些对自己的友谊感到焦虑的情况称为"无友焦虑综合征"。

这是一种害怕没有朋友，由过度焦虑引发的心理疾病。患有无友焦虑综合征的人，往往因为缺乏与他人的联系而感到不安，不想被人嫌弃，害怕独处。

因此，他们经常查看社交软件，并与上面的"朋友"保持联系。他们试图成为团体的一部分，一起做所有事情，一起去所有地方。

但这是一段令人愉快的友谊吗？

在我看来，他们已经沉迷于必须有朋友的想法，一旦失去朋友，就会失去归属感。他们已经忘记了友谊本身的样子了。

我在前面说过，朋友是能让你开怀大笑、变得精力充沛的人。

你需要的不就是这些吗？

为什么不放轻松，以这种简单的方式来定义朋友呢？

如果你不能坦率地享受和某人在一起的时光，不能和他们一起开怀大笑，不能感觉到自己的活力被彻底释放，那么他们就不是你的朋友。

没有必要强迫自己与这样的人保持朋友关系。

但你也不必与这些人切断联系，更不必与他们断绝关系。

前文，我们谈到了从两个层面来处理友谊：

① 与跟你合得来的人建立牢固的友谊。

② 与你合不来的人相处融洽。

即使不能做朋友，你仍然可以和他们建立一种"薄而浅"的关系，保持高于认识、低于朋友的距离感。

这样一来，你将不再被必须成为朋友的观念束缚，感受将完全不同。

与合不来的人和睦相处的能力

两个层面上的交友能力,分别是与你合得来的人交朋友的能力和与你合不来的人和睦相处的能力。

其实,**与你合不来的人和睦相处的能力更重要。**这是一项应该在学校获得的技能。

你有接受教育的权利。教育是为了培养能力,让孩子成长为大人,坚强而明智地生活。学习不仅仅是你在课堂上学习各类科目。**学习与他人相处的能力也是必要的,因为这是一种生存能力。**

如果你能与其他人建立良好的关系,与他们合作并得到他们的帮助,生活就会更容易。

为了做到这一点,你需要与各种人接触,面对各种情况,并练习如何与人打交道。

学校是一个可以练习与你不喜欢的人友好相处的地方,不会产生激烈的摩擦或严重的伤害,必要时大家可以互相合作。

学校是一个练习与人相处的地方。它是一个让你学会如何把握距离感和学习人际关系的地方。

我们为什么要换班？

因为我们要练习如何适应新环境，以及在环境改变时如何结交新朋友。学校生活也是为了通过这个小社会，让学生体验人际关系的微妙之处。

为什么我强调与每个人建立和睦关系的重要性？

因为我在年轻的时候，有过一些惨痛的教训。

高中毕业之前，我有很多朋友，在交友方面从未遇到过任何问题。我的家族人口众多，亲人之间经常来往，十分热闹，我总是被各种各样的人包围。

然而，当我的大学入学考试失败，无学可上时，我开始在东京独自生活。环境的巨大变化使我变得神经质。这时，我的人际关系出现了问题。

进入大学后，我开始用尖酸刻薄的语言来批评别人，时常让人尴尬。

那时的我坚信，无所顾忌地说出自己的想法是正确的。说实话，我觉得自己并没有做错什么，毕竟我对他们是真诚的。

结果呢？

周围的人开始疏远我。即便在聚会中，也没人理睬我。我变得越来越孤立，很长一段时间里甚至没有人愿意帮助我。

当时，我缺乏这样的意识：**在社会交往中，不让他人感到不舒服是非常重要的**。如果我能够在不伤害或否定对方的前提下提出诚实的意见就好了，但我没能做到这一点。由于缺乏与人相处的能力，我经历了一个痛苦的二十岁。

在人际关系中，理解别人的感受并与他们建立和睦的关系很重要。如果不练习这一点，**你就会深受其害，感到痛苦。**

成为别人想再见到和想多交谈的人

人需要怎样的社交生活？

说到人际关系好不好时，你可能首先想到：是否想与对方多交谈，是否想花更多时间与对方在一起。然而，人际交往中最重要的是，即使与合不来的人打交道，你也能做到不发生争吵。

作为一个成年人，如果你在工作中遇到一个人，第一次见面就与他争吵起来，并被对方噎得说不出话。那一刻，你会说："别让我再看见你！"你一定不会想跟这个人一起工作或把他介绍给别人。

所以，等你长大成人，你需要的不是交很多好朋友的能力，而是与各种人相处融洽的能力，无论他们是谁。

能够以轻松的方式与人打交道是你一生都需要培养的能力。

无论是同事、恋人，还是夫妻，都是与**自己以外**

的人建立的关系。无论你做什么工作，想如何生活，你都需要与其他人交往。在现实生活中，人们会对难以相处的人敬而远之。

交朋友就是这样。让人们想要再次与你交谈很重要。如果他们没有这个意愿，连话都不想跟你说，又怎么可能进行深入的交流，甚至敞开心扉去沟通呢？如果人们不想再见到你或多跟你说话，你们的关系就不会有进展。

要学会与每个人轻松自在地相处。我希望你们早点儿认识到并牢记这一点。

交朋友并不意味着急于向对方暴露真实的自我。

重要的是清楚如何让对方想和你在一起，并努力做到这一点。

现在不代表一切，友谊是变化的

很多时候，友谊是非常不稳定的。**随着环境和情势的变化，我们与朋友的关系也在发生变化。**

你可能会说："我们永远都是朋友。"但如果大家被安排在不同的班级，就不能像以前一样总是在一起了。如果大家升学去了不同的学校，见面的机会就更少了。

大家会很自然地在各自所处的环境中结交新朋友。

这时，你的朋友就会发生改变。

回想起来，我跟有些朋友在中学时并不那么亲近，但成年后，我们却很投缘，经常见面。

长大后从事什么样的工作，单身还是已经成家，这些都会影响我们交朋友的难易程度。

初中生和高中生总是关注当下发生的事情，**但友**

谊并不全是当下的事情。无论你是与朋友相处困难，还是在努力结交朋友，请记住，**这种状态不会永远持续下去。**

例如，同学之间最常见的恶作剧和孤立别人的情况往往出现在初中，高中时会急剧减少。上大学后，大家学习不同学科的课程，被各种各样的人包围，因此不再局限于与同一群朋友交往。

环境的改变提供了建立新关系的机会。

然而，被友谊伤害过的人可能会有一种强烈的恐惧，担心自己无法与他人相处融洽，或者担心自己会再次经历不愉快的事，这可能会导致他们对人际关系缺乏信心。

这种情况很容易激发负面情绪，让过去的错误重演。因此，不要把人际交往变成你的弱点。

那么，如何建立自信心？

我的建议是：做你喜欢的事。

想建立自信心，就做自己喜欢的事

做喜欢的事为什么会让人变得自信且有助于社交呢？

当你沉浸在自己喜欢的事情中，即使独自一个人也不会感到孤独。

假如你因交友不顺利而烦恼，只要投身于喜欢的事物中，就会感到充实和开心，忘记孤独或焦虑。

容易出现无友焦虑综合征的人，往往是那些缺乏爱好，或者是还没有找到爱好的人。

把注意力从你目前遇到的问题转移出去，寻找缓解焦虑的方法，并尝试找到自己感兴趣的事物。

例如，你可以把注意力转移到你喜欢的一部漫画上。如果你喜欢这部作品，说不定你还想看看这个作者的其他漫画。

如果你喜欢某首歌曲，你可以听听这个歌手的其他歌曲。

同样，你还可以**深入挖掘那些引发你的兴趣、让你觉得"不错"或"我可能喜欢"的事物。**

然后，你可能会想："跟这个歌手合作过的人写出的歌曲，我可能也会喜欢。"或者："虽然是另一个作者创作的，我也想读读看。"这样一来，你的世界就扩大了。

当你迷上什么东西时，你就会想看到、听到和了解更多关于它的信息。随着你对它的兴趣越来越大，你的空余时间就会越来越少。你开始觉得一个人独处也不孤单，因为你已经不在乎兴趣以外的事物了。

这是确立"我是谁"的一个重要步骤：

培养独处的能力，享受独处。

↓

自我肯定。

↓

对自己更有信心。

让你感兴趣的不一定是你一开始就喜欢的东西。挑战一下你以前就想做的事情。也可以试试集中精力学习。有很多人通过努力学习取得了好成绩,从而肯定了自己。

把你的精力和时间放在朋友以外的事情上。

把你的注意力放到提升自己上。这样做,你可以培养自己的独立意识和自信心。**当喜欢的事物成为你的心灵支柱时,你就不会再依赖友谊了。**

这就是与朋友相处和日常人际交往中保持心态平衡的方法。

使友谊立于不败之地的三种能力

以下是我们从十多岁开始就应该培养的交友能力。拥有了以下三种能力,就不会因为人际交往的问题而烦恼了:

①结交合得来的朋友的能力

②与合不来的人和睦相处的能力
③享受独处的能力

无论是合得来的人,还是合不来的人,我们都一直在努力与他们成为朋友,所以会烦恼和痛苦。

如果不必与每个人都成为朋友,就不必勉强和忍耐了。

那么,区分朋友和其他人的标准是什么呢?

就是**他是否有趣,能否让你欢笑、让你打起精神。**即使没有一直在一起,没有分享秘密,只要你们相处时很快乐,就可以将彼此视为朋友。

有意识地与每个人打好交道能让你有个好心情。

不管遇到什么事,都尽量开朗、平和地与人接触,我认为这是拥有好心情的秘诀。

当你心情好的时候,那些对你而言比熟人亲密,但达不到朋友程度的人,可能也会成为你的朋友。

结交合得来的朋友以及与合不来的人和睦相处，并不是两件完全无关的事，它们是相互关联的。

但仅有这两种人际交往能力还不够，你还要拥有自己的精神世界，培养自我肯定的能力，享受独处，这样才能发展出健康的、不依赖他人的关系。

当这三者拧成一股绳时，你就能保持良好的心态，消除焦虑，这就是内心的强大。用这三种能力支撑自己吧！

第 2 章

通过爱好结识
合得来的朋友

珍惜从爱好中扩展出来的世界

"我交不到朋友。"

"我不擅长交朋友。"

对于说这些话的读者,我特别建议你通过爱好来交朋友。

你喜欢什么?

即使你没有任何爱好,日常生活中仍可能有许多喜欢的东西,让你说出"这个真好啊"之类的话。它可以是你最喜欢的动物、你最喜欢的零食、你最喜欢的节目或其他任何东西。

即使你平时不擅长与人交谈,只要谈起自己喜欢的东西,也可以聊得很开心吧。

如果你喜欢某部漫画,身边其他人说他也喜欢,你就可以滔滔不绝地谈论你最喜欢的角色是谁,或者你最喜欢的场景是什么。

当你们喜欢同一样东西,就很容易聊起来。

因为喜欢的东西而产生共鸣，话题随之出现，这是和别人在一起最幸福快乐的时光。

我认为**做朋友的基础是能一起愉快地谈论喜欢的东西。**

如果你能跟一个人愉快地谈论你喜欢的事物，说明他已经具备了成为你朋友的条件，那就是"一起快乐，产生共鸣"。

因此，珍惜你的爱好。

有很多东西可以让你交到朋友。

例如，当你看到朋友书包上挂着的吉祥物娃娃时，你可能会对他说："你喜欢 XXX 吗？我也是。"你们马上就有了共同的话题。

当你们拥有同样的东西，花时间做同样的事情时，就很容易打成一片。这就是意气相投。

我有一个初中、高中、大学、研究生阶段一直在一起的朋友。我们的友谊始于石川啄木的一支短歌。

在初中的一节语文课上,老师让我们从石川啄木的短歌里选择一首最喜欢的,两人一组进行研究并做出评论。

我选择的是:"吾志所在,惟业矣哉,业既已成,无愧此生。"(意思是:我将全心全意地投入我的事业,直到完成,此生也就没有什么遗憾了。)

他选择了同一首短歌。

因为都喜欢这首短歌,我们组成了一个团队。我们一起对作者和这首短歌的背景做了很多研究,度过了一段非常愉快的时光。之后,临近期中考试和期末考试的时候,我们两个人也会一起复习,一起为考试做准备。

我从未想过我们的友谊会一直持续到我从研究生院毕业。我们是真正的同志和盟友。

你永远不知道什么样的爱好会让你们建立友谊。机会可以来自各种各样的地方。

爱好三角

通过爱好建立友谊为什么是个好主意呢?

一是容易引发共鸣。当你发现你喜欢的东西别人也喜欢时,你会有一种亲近感。即使只聊了五分钟,你们的关系也能更加亲密。

二是你不必直面对方的性格。当你们在谈论共同的爱好时,你、对方以及你们的共同爱好就形成了一个三角关系。由于你们两人的兴趣都在爱好上,所以你们的沟通不必直面彼此性格中的冲突。

朋友之间谈论共同的爱好时,即使有轻微的分歧,也不太可能因为性格问题被对方的言语刺伤,或刺伤对方。这会让你们**更容易保持距离感,从而获得平静和快乐。**

但如果要以彼此性格相投为基础来交朋友的话,那就太不容易了。人的性格有多面性。人际交往变得不顺利,通常是由不同性格上的冲突造成的。

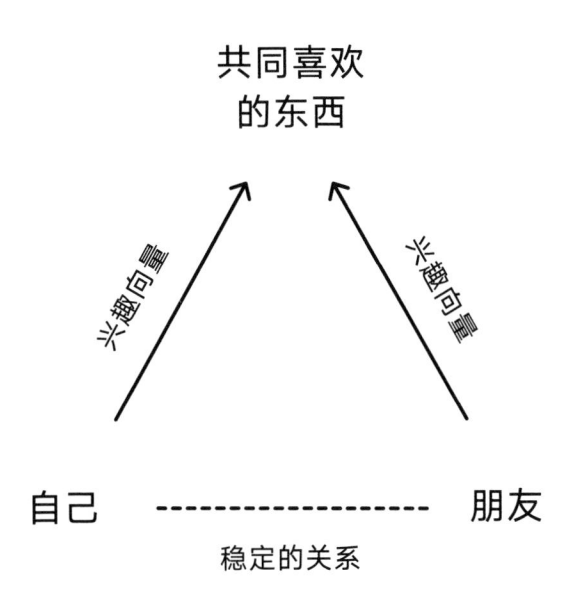

```
        共同喜欢
         的东西
          ↑ ↑
     兴          兴
     趣          趣
     向          向
     量          量

  自己 ------------------ 朋友
           稳定的关系


            爱好三角
```

为了避免这种情况，形成爱好三角是一个很好的办法。

找出和朋友的共同爱好，与之形成三角关系。

这不仅适用于交朋友，同样适用于一般的社交活动。

有人可能会说，如果共鸣是重点的话，与共同讨厌的东西形成三角关系不是也可以吗？但是，如果因为讨厌的东西而引起共鸣的话，就会变成一起说坏话吧。

一起说坏话，虽然能够引发情绪上的共鸣，让你们热情高涨，但我觉得这不能形成良好的朋友关系。

把你们的共同爱好放在这个三角中吧。

画一张偏爱地图，把喜欢的东西可视化

找到潜在朋友的渠道还有很多。**如果你有很多喜欢的东西，你就有机会与更多人愉快地交谈，并交到**

合得来的朋友。

你喜欢的东西有多少？

如果是三四种的话，谁都可以马上想出来，但要是尽可能多地列举，还要具体一点儿，你还能说出多少呢？

于是，我想出了一种叫作"偏爱地图"的方法。把自己喜欢的东西尽可能多地写出来。从偏爱的东西到非常喜欢、喜欢得不得了的东西，都写出来。不仅要包括你目前喜欢的东西，还要包括你过去沉迷的东西。

你可以用任何喜欢的方式来写，列出要点、画图或者任何其他的形式。你写得越具体，就越有趣。如果是一本故事书或一部漫画，不仅要写出书名，还要写出喜欢的人物的名字、关键句和最喜欢的词。

不用写得很工整，只要把你能想到的全都写下来就行。

在我的课堂上，我要求每个人都这样做。有些人说，他在写的过程中才意识到自己原来有某些喜好，或者记起一些事情，比如"这就是当初我爱上它的原因"。这很有意思。

如果以后你想起更多，还可以继续添加到列表中。

有一次，有个人带来一张巨大的地图，上面还贴了好几张纸，他说："一张纸写不下了。"

关注喜欢的东西，就没有不擅长交友的人了

在课堂上，我会让大家两两一组，互相展示自己的偏爱地图，并将其作为对话的主题，谈论各自喜欢的东西。

当两个人发现他们有共同的喜好时，谈话的氛围就会变得热烈起来。即使两人没有任何共同点，他们也会侃侃而谈，因为找到了他们共同喜欢的东西，而且可以看到他们的脸上一直都挂着笑容。

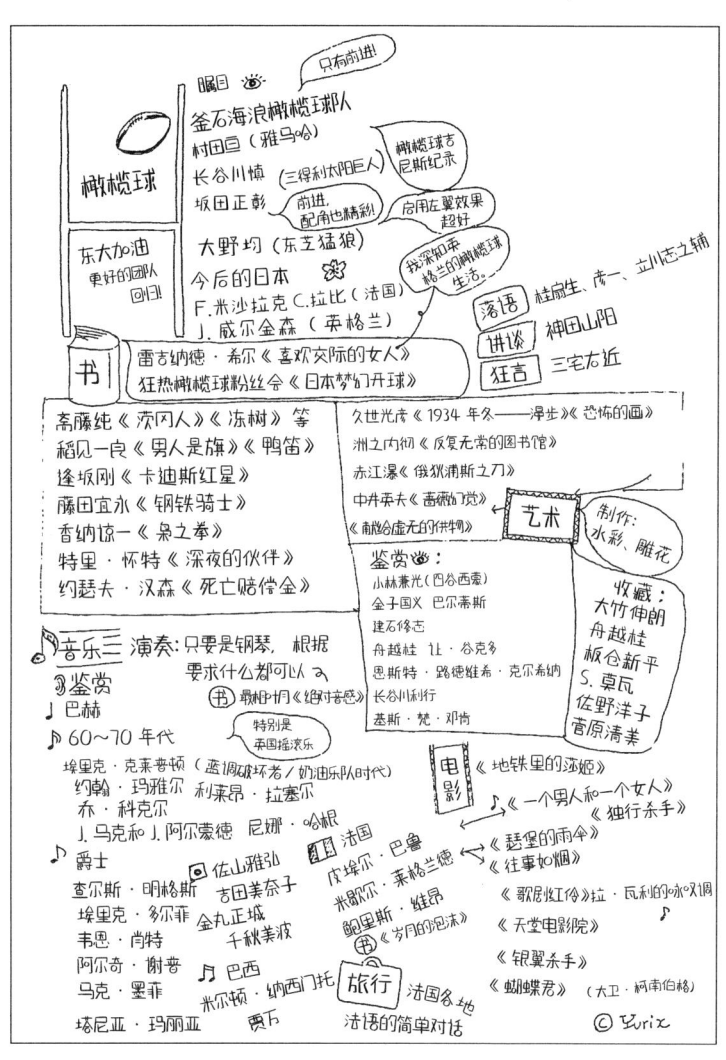

摘自《偏爱地图——建立令人惊叹的人际关系》（[日]斋藤孝著）

十分钟后重新分组，每个人向新伙伴展示他们的偏爱地图，并谈论他们喜欢的事物。十分钟后再重新分组。如此重复好几次。当培训结束时，整个课堂的气氛变得非常融洽，大家内心的距离明显地缩小了。

在给一个企业上培训课时，我收获了许多感想。

有一个员工说："我一直认为我的老板有点儿可怕，很难打交道。但通过今天的交流，我觉得和他亲近了，厌恶感一下子就消失了。从现在起，我可以毫无顾虑地去找他做汇报和请示了。"

也有的员工说："在这之前，我们只是同事，但当我们发现我们有共同的兴趣时，我们一拍即合。从今天开始，我们也将成为朋友。"

①通过喜欢的事物增加联系，认识更多的人。
②体会到心灵相通的快乐。
③不擅长交友的人变少，大家建立起愉快的朋友关系。

这就是偏爱地图的作用。

即使面对从未见过的人，你也能通过它找到交谈的话题，还能在短时间内缩短彼此的距离。

这样做的好处是，即使你的谈话对象看起来不好相处，但如果你知道他喜欢什么，就会发现对方没那么难以接近。

即使你们找不到共同的爱好，但如果你能谈论对方喜欢的东西，你们也可以很好地交谈下去。

即使你不喜欢一个人，知道他喜欢什么也会让你更容易与他沟通。

当你进入一个新的学校或班级学习时，如果你能写出一张偏爱地图，并与大家分享，你会发现更容易交到朋友，你对班级的亲近感也会加深许多。

有一点需要注意，不要否定对方喜欢的东西，让气氛活跃起来！

这样你就能体会到，把你喜爱的东西和别人喜爱的东西联系起来是多么有趣的一件事。

同好胜过凑在一起的朋友

"我想和某些人在一起,和他们做朋友。"这是青少年常有的一种感觉。

如果一个小群体是由志同道合的人组成的(喜欢某一事物的志同道合的人＝同好),听起来就很有乐趣。

通过喜欢的事物与朋友形成三角关系,逐渐加深交流,了解对方,交往就可以深入下去。这样一来,大家既能相互理解,又能相互激励。你们可能会成为长久的、亲密的朋友。

当然,你与别人的好恶不可能完全相同,所以没有必要一直和同一群人在一起。**只与特定的一群人交往,不和外部的人交流,这样无法构筑一个开放的交流环境,很容易阻碍信息的流通。**

因此,你必须尊重每个人的喜好。

例如:"我今天有一节钢琴课,先走了。明天见。""我接下来要参加俱乐部的活动。回头见。"每个人都可能离开这个小群体去做其他事情,这是非常自然的。

通过喜欢的东西或相同的目标联系在一起的群体,在这方面有一种认同感,不会因为不经常联系就感到不安。

然而,当某个群体不是以这种方式走到一起时,他们并不分享爱好,**没有通过喜欢的东西获得心灵相通的喜悦,而只是想通过经常在一起来感受集体认同,**由于每个人都呈现出真实的自我,一旦有人的行为方式与其他人不一样,群体就会对他们产生攻击性行为,指责他们或试图把他们从群体里驱逐出去。

大家一起攻击一个人,往往也是因为这样做容易产生集体认同感。这样的友谊是令人窒息的,并不会给我们带来快乐。**如果只是勉强凑在一起的朋友,失去了也没关系。**

如果你和以前的好友群体相处不好,不必勉强维持那种关系。一直在一起的人，未必就是你的朋友。找到兴趣相投、能愉快相处的同好吧。

"我和Ａ对音乐有相同的兴趣，很合得来。"
"我和Ｂ经常谈论喜欢的作家和读过的书。"
"我和Ｃ可以很开心地谈论体育。"
"我和Ｄ都喜欢狗。"
"我和Ｅ可以谈历史，因为我们喜欢相同的历史人物。"

根据自己的爱好，你可以找到各种人，与他们进行有趣而深入的交谈，这将扩大你的交友范围。与喜欢的人谈论喜欢的事情，会激发你的好奇心，帮助你加深和扩大你喜欢的世界。

有共同目标的同好也会是不错的朋友。有了共同的目标后，你们可以谈论它并互相鼓励，形成稳定的三角关系。有目标的人，会将注意力和精力都集中在目标上，不会依赖频繁的联系来维持朋友关系。这是一种开放的友谊。

社团活动是同好者的聚会

交不到朋友、感到寂寞的人，可以加入某个俱乐部或社团。

如果你想尝试做一件之前没有做过的事，不妨加入一个志同道合的群体。你可以和伙伴们一起做想做或喜欢做的事情。

· 花大量时间在一起（有时甚至在营地同吃同住）。

· 大家的目标是相同的，如练习演讲、参加比赛和集会等。

· 大家一起分享实践中遇到的艰辛和困难。

这样形成的群体，其成员之间会有很多共同点。大家在一起做喜欢的事情，花很多时间为同一个目标努力。在这样的环境里，怎么可能不发展出亲密的关系呢？

与你一起加入社团、参加社团活动的人，可以成为重要的伙伴。

我在初中和高中时加入了网球社。刚加入时，社里有三四十名新成员。所有的体育社团都是一样的：新进的队员都要在前三个月进行艰苦的基础训练，其间人数会不断减少。

三个月后，人数减少到十个左右。这时，我们终于被允许在球场上练习击球了。

前三个月是我们最需要坚持的时期。经历了艰苦的基础训练期，一起走到这一步的成员已经成了伙伴。

共同的经历让我们成为伙伴。一起经历艰难和痛苦，伙伴意识会变得更加强烈。

现在想来，在初中和高中时，我与社团伙伴的关系比与同学的关系更亲近。即使在毕业几十年后，我们之间仍然有一种作为伙伴并肩战斗的感觉。我甚至不在意我们是否性格相投。

伙伴和朋友有一点不同,那就是伙伴之间会产生一种特有的联结。在某件事情上同甘共苦的伙伴,往往在日后能够成为长久的朋友。

比起交朋友,更要交伙伴

为了跟朋友保持联系,大家都很辛苦吧。

我认为交伙伴比交朋友更好。

作为一个成年人,你需要的不是交很多朋友的能力,而是在社会上生存的能力,也就是拥有伙伴,相互合作,从而改善现实的能力。

因此,我们要好好思考一下伙伴到底是什么,怎样才能交到伙伴。

为了同一个目标,经历相同的事情,一起工作——如果满足这些条件,我们就已经是伙伴了。

就算朋友不多,只要有伙伴,你就不会感到

寂寞。

大学里有很多社团。我鼓励学生参加社团。如果你不知道想做什么，那就加入三四个氛围看起来比较宽松的社团吧，因为你永远不知道什么会适合你。

在社团里，你可以与大家交谈，与来自不同院系或不同年级的人交流。即使你们刚开始互不认识，却可以通过社团活动成为朋友。

让自己置身其中很重要。在社团里，你能否获得或提高任何技能其实并不重要，重要的是获得一种归属感——与那里的人建立联系，成为团体中的一员。

如果某一个社团不适合你，你可以退出。

尝试与别人打交道并成为集体的一部分，这样的行动很有意义。

有了归属感之后，可能会出现新的问题。

有些人可能会说："我不想属于任何地方，不想被束缚，我想要自由。"

但事实是，属于某个集体并拥有与之相连的关系是我们在社会中舒适生活的关键。一旦失去了这种联系，人就会变得越来越孤立。

为了在社会上生活，将自己置身于某个集体中并结交伙伴是非常重要的。

伙伴给你归属感

我在三十岁时还没有一份固定的工作。虽然我有一个硕士学位，但没有工作单位。虽然我有一个家庭（一个妻子和两个孩子），但在社会上却没有归属感，这是非常令人沮丧的。

那时，我常去的一家餐馆老板邀请我说："你想打棒球吗？如果你愿意，下次来跟我们一起打棒球吧！"

那支棒球队叫作"赌徒"，成员都是喜欢放手一搏的人。我觉得自己也有这个特质，完全有资格加入其中。

作为队伍的一员，我穿着与大家相同的队服。我在比赛中做投手，度过了一段快乐的时光。我不知道其他团队成员是做什么工作的，大家只是一起打棒球、互相搞笑的伙伴。

有了这样的去处，我的心情得到了很大的改善。**不管有没有深入的交往，也不管有没有深厚的情感，大家都能成为伙伴。**而且，**一想到有伙伴，我就很安心，很有归属感。**

那时，我内心深切体会到了这一点。

放眼校外

十几岁的时候，我们的世界基本上只有学校和家庭。平时交往的人，也就是朋友、老师和家人。而朋友只是同学中很小的一部分。许多人日常交往的对象基本都是同性。那种封闭的环境往往会让人在人际交往中产生一种闭塞感，仿佛被禁锢了一样。

当你与不同类型的人接触时，就会发现人真的是多种多样啊。这个认知会改变你与人打交道的方式。

关键是经验共享。和他人一起做点儿什么，试着成为伙伴。

和学校之外比你年长或者跟你同龄的人交往看看。例如，去练一练剑道、柔道、合气道等武术。

我学过空手道、太极拳，学员的年龄相差很大，所以能接触各种各样的人。在那里，我学到了很多关于武术的技巧。

同属一个训练班的学生，不管年龄相差多少，都是伙伴。一个班上的学员形形色色，年龄跨度越大，就越有趣。

我还推荐你们参加当地的庆典活动。这是一个与各种类型的成年人互动的机会，也是一个认识同学以外的同龄人的机会。

我有一个学生来自农村，他在东京认识的人不多，但他说他去抬神舆（日本的一种庆典活动）时交到了很多朋友。

抬神舆时肩膀酸痛，被人踩着脚，推搡着；练太鼓时手臂僵硬……这些身体上获得的生动体验令人非常难忘。那个时候，你可能会说"累死了"之类泄气的话，但和伙伴一起做事的感觉又会让你为之一振。

或者，试着参加夏令营看看。

有人可能会说："夏令营有什么好的？不就是一起做饭，一起吃饭，一起睡觉嘛。"

事实是，当你们同吃同住时，很容易体验到认同感。

而且，我建议你独自参加营地活动。如果你邀请了朋友，就会时时刻刻跟朋友在一起。而单独行动会让你有机会认识更多的人。

如果你想参加校外的活动，想跟别人一起做点儿什么，那就去做吧。体验各种各样的社区，了解各种各样的伙伴，肯定会拓宽你的视野。

"在学校或班级里，只能和几个固定的朋友在一起，世界太小了！"我希望你能这样想。

怎样才能遇到合得来的人呢？

我们总是说"合得来"，但"合得来"究竟是一种什么样的状态呢？

简单地说，"合得来"有两个要素：

① 喜欢的东西、喜欢的感觉一致

② 节奏、步伐等频率一致

正如我前面说过的，节奏和步伐可以通过有意识地配合，与对方保持一致。

所谓合得来，就是人与人之间发展变化的感觉和节奏恰好吻合。这和性格没什么关系，而是和别人亲近相处的感觉。

如何把握与人的距离感，是在与各种人的实际接触中，通过积累经验获得的。

一旦掌握了距离感，你就会想："只要这样和这个人接触不就好了嘛。"于是，你就会有越来越多跟你合得来的人。

如果你只和同一个人交往，就无法掌握与人相处的距离感。想要合得来的朋友、合得来的伙伴，就不要只局限于跟少数人交往，而要广泛地接触各种各样的人。在这些人之中，你一定会找到可以真正深入交往的对象。

智者的教诲

即使不经常联系也不觉得生疏，感到安心，这就是朋友之间良好的距离感。

歌手兼演员美轮明宏曾经说过："拿六分的热情跟人交往。"

如果你吃饱了，吃撑了，不管你多喜欢一样东西，你都不想再要了。

"我想再聊一会儿。"

"我想多花一点儿时间和你在一起。"

为了维持这样的关系,最好在交往时保持六分左右的热情。

中国古代的思想家庄子也说过:"君子之交淡如水,小人之交甘若醴。"

君子是指有教养有德行的人,君子交往清淡如水;小人是指心胸狭隘的人,他们之间的交往会像黏稠的甜酒一样。

水和甜酒,哪个能让人不厌其烦地长期饮用呢?

甜酒一开始喝可能觉得味道不错,但你很快就会厌倦。而你永远不会厌倦水。正因为淡而不腻,才能长久。

福泽谕吉在其《劝学篇》中说:"试想世人陌路相逢,岂能均成密友?"意思是我们不可能和生命中遇到的每一个人都成为一生的挚友。然后他继续说,如果你遇到十个人,碰巧在他们中交到一个亲密的朋友,那么如果你遇到二十个人,就可能交到两个亲密的朋友了。

你遇到的人越多，你能交谈的人越多，你找到朋友的机会就越多。不要执着于某一个挚友，而要去寻找新的朋友，也就是"新知"。福泽谕吉说自己没有挚友。

《劝学篇》的开篇有一句名言："天不造人上之人，亦不造人下之人。"

那你知道结尾的话吗？

"生而为人，却不愿与人为伍，岂不是怪事吗？"

就是说，自己是人，却讨厌与自己同样属性的人，这不是很奇怪吗？

要想与人轻松地成为朋友，和各种各样的人交流是很重要的。可以说，这是一种交际能力。

第 3 章

怎样拥有独处的勇气？

为什么你害怕独处？

"我在学校总是融入不进去。课间休息的时候，没有人跟我一起玩，我总是一个人。"

可能许多人都有这样的烦恼。

也有很多人会说："我真的厌倦了各种社交活动，但我又不想被人讨厌，被人孤立，所以我尽力跟大家保持一致。"

想想看，他们为什么害怕独处呢？

我认为原因在于独处的原因不同。

是主动独处的？

是被动独处的？

换句话说，**你是自愿独处，还是被迫独处？这两者是不同的。**

有的时候人们不介意独处，但有的时候人们在独处时会感到寂寞。阅读一本有趣的书时，你可以一个人待上几个小时，一点儿也不觉得寂寞。可见，当你主动选择独处时，并不会感到孤独。

但是，当看到好朋友与其他人愉快地交谈却不搭理你时，你会怎样想呢？

你可能会感到孤单，因为你不属于那个快乐的圈子。

事实上，你可能并没有被排除在外，只是你不在的时候，他们碰巧聊得很开心。即便如此，你还是感到被疏远了，你的心因孤独而痛苦。

当你感觉自己被抛弃——不是出于你自己的意愿，而是你所处的关系带给你的影响——你会感到孤单和焦虑，害怕被厌弃，害怕独自一人，对被动独处的状态感到非常不安。

主动选择独处

为了不害怕独处，你可以主动选择一个人做一些事。如果你按照自己的意愿选择独处，就不会感到寂寞，也不会感到羞耻，更不会觉得自己很悲惨。

主动意味着你率先采取行动。

通往主动独处的第一步，是平静地适应独处，花更多时间自己一个人做事。

读书、绘画、写作，开展一些具有创造性的活动。

也可以享受音乐。享受音乐的方式有很多，除了听喜欢的音乐外，还可以唱歌、演奏乐器、填词或作曲。

散步或跑步也不错。种植植物或照顾动物也好。钓鱼也是一种乐趣。以轻松的心情尝试各种各样的新事物就好。你可能会发现："我从没想到我会喜欢这个。""我以前喜欢做这个。"

如果你能享受独处的时光，并认为独处也不那么糟糕，你就迈出了成功的第一步。

如果你能充分发挥主观能动性，即使一个看起来很孤单的状态也可以变成一段充实的独处时光。

日本有一部关于高中生的校园漫画，叫《汤神君没有朋友》。故事的主人公汤神君是一个铁杆独行侠，一个喜欢独处的人。他甚至说出豪言壮语，声称自己不需要任何朋友："我不会把脑细胞浪费在人际关系上，因为我是那种不需要朋友的人！"

同学们认为他是一个难以相处的怪人。然而，汤神君并不孤独，他有自己喜欢的世界。他参加了棒球社，作为王牌球员大显身手。同时，他也喜欢落语①。除了落语，他还有许多其他的爱好，学习也不差。

这部漫画的另一个主人公叫作千寻，是一个普通的高中女生。她常常为朋友关系而烦恼。但自从认识了汤神君之后，她对独处的态度发生了变化。

即使你不能与汤神君产生共鸣，你可能也会与千寻产生共鸣吧。

---

① 日本一种传统的曲艺形式，类似中国的单口相声。——译者注

找到你的心灵之友或心灵导师

迈向主动独处的第二步，就是**找到你的心灵之友**。找到一个你能理解并能理解你的人。

当你找到心灵之友时，独自一人的负面形象就会渐渐从脑海中消失。

当我还是个孩子的时候，我很喜欢姆明[1]故事中的史力奇。史力奇是一个独行侠，他像风一样出现，又像风一样离开。他看起来很孤单，但他并不寂寞。

在动画片中，他弹的是吉他，但在书中他的乐器是口琴。

姆明谷中的许多角色都很可爱，但我认为最酷的角色就是史力奇，他并不总是与大家在一起，而是喜欢一个人思考深奥的东西。

---

[1] 芬兰女作家托芙·扬松笔下的故事中所描写的生物一族的名字。姆明一族生活在芬兰森林里的姆明谷里，过着无忧无虑的生活。——译者注

在文学作品中也能找到心灵之友。

我们心中的感受、脑海中那些模糊的想法，很多都能通过主人公之口表达出来。"哦，我知道，我知道。就是这样。"你会产生这样的共鸣。然后，你会想去读一读这位作者的其他作品。

当你找到一个喜欢的作者，并爱上他创造的世界，你会激动地说："原来这里有这么棒的朋友。"

在文学中找到心灵之友，就像找到了一个含有许多朋友的宝矿。

你可以在很多不同的领域找到支持你的强大"援军"。

我特别推荐大家阅读伟人的传记。伟人是指对人类做出伟大贡献的人。没有人从小就一帆风顺，没有人不曾遇到艰难困苦。任何伟人都经历过挫折和挣扎。没有人能 辈了都做正确的事情。

如果你通过一本书接触到一种生活方式，并与之产生了共鸣，就把它作为生活的榜样，让它成为你的心灵导师吧。

把某人视作导师，意味着加深对其思维方式的学习。将他的想法和话语作为你自己思考问题的参考。

如果一个人心中有许多心灵导师，他的心中就有了许多盟友或援军。

和看不见的世界里的人做朋友

吉田兼好的随笔作品《徒然草》中有这样一句话："孤灯独坐，披卷品读，古人为友，甚感乐慰。"有一段时间我在读小林一茶的作品集，看到他写道："我在《徒然草》中发现了这些话。"一想到原来一茶也读过《徒然草》，并受到了兼好法师的启发，我就感慨万千。原来兼好法师、一茶与我是有联系的。

另外，读了能乐大师世阿弥的《风姿花传》，看到书上说"《论语》中也写了这样的话",我就想:"啊,世阿弥也读过《论语》啊。"

当松尾芭蕉走上奥州小道的时候,西行之旅就在他心中。想着西行的生活方式,我也踏上了旅程。

以"我思故我在"而闻名的笛卡儿在《谈谈方法》中说,读一本好书,就是和许多高尚的人对话。

香奈儿品牌的创立者可可·香奈儿,在少女时代曾坐在阁楼里阅读并抄写自己视如珍宝的小说。她说:"那些小说教会了我如何生活,造就了我的敏感和骄傲。我曾经一直非常骄傲。"(语出保罗·莫朗著《香奈儿的态度》)

大家都在和看不见的世界里的人做朋友呢。

这种精神上的联系是持续不断的。那些流传下来被不断阅读的经典作品,感动和影响了许多人。当你读到这样的作品并将它们镌刻在心里时,**你也能成为精神潮流的引领者之一。**

即使是没有见过面的古人,你也能感觉到与他们心心相印。当他们成为你强大的援军时，你就不会因为独处而感到寂寞或不安。你会变得坚强和果断。

所谓"自我"，就是靠各色人物的想法和语言积累而产生的。

看过很多书的人，受到前辈们的支持，心灵的屋脊就会变得坚实。

如果你心中没有任何可以给你支持和力量的人，那就太可悲了。你必须独自面对生活，没有人可以商量。这样的人生是非常困难的。

你心中有多少人可以称为心灵之友或心灵导师呢？

当你认为自己并不孤单时，你就不会再害怕独处了。

独处时，你有了哪些新的想法？

日本创作型歌手爱缪在采访中讲述了自己学生时

代的往事。

她说她上初中的时候不知道学习的意义，不想待在教室里，即使去了学校，也不听课，就待在保健室。虽然她有朋友，但她有时会想，什么是朋友？一件小事或误解就可能破坏朋友关系，哪怕昨天你们还有说有笑、相处融洽。

到了高中，她的心灵支撑是音乐。除了听喜欢的音乐，她还会创作曲子。由于过度沉迷音乐，学校的出勤天数不够，她差点儿留级。经过考虑，她选择了到其他学校做插班生。

她与以前学校的朋友失去了联系，在新学校也无法交到朋友，于是她开始花时间独处。她意外地发现自己一个人时反而感到更加自由。她说，当她独处时，她开始清楚地知道想用音乐做什么。

"当你独自一人的时候，你会意识到一些与别人在一起时想不到的事情。实际上，独处并不代表世界上只剩下你一个人。"

我认为，爱缪通过独处，意识到了她真正珍惜什么以及她想做什么。

作为演员和歌手大放异彩的星野源也在采访中说，自己年轻的时候不善于处理人际关系，与其说他的歌是为别人而唱，不如说是自我情感的表达。

独处是一个面对自己的好机会。你的兴趣将转向自己的内心，深入思考自己想做什么、想成为什么样的人。不再随波逐流，而把它们当成自己的课题好好思考。这样一来，你就为未来做好了准备。

在青春期，尝试独处不是很好吗？

你有独处的勇气吗？

主动选择独处的下一步是，不要和人结伴同行，试着作为一个独立的个体单独行动。

以前，你可能做什么都跟好朋友一起，哪怕是参加社团活动或去补习班也是一样。然而,不管你们的关系多么亲密,想做的事情应该不总是一样的吧。因为担心分开后大家就不再是朋友,所以才总是喜欢黏在一起。

实际上,偶尔一个人行动是十分必要的。

一个人独自走进未知的环境会让人感到很紧张,但我希望你能鼓起勇气去尝试,并且说:"就这个,我要去试一下。"

我在举办某些研讨会或上培训课的时候,会让大家玩一个分组游戏,每一次按照不同的人数进行分组。

一开始是一人一组,然后是两人一组。

之后我会说:"现在请组成三人小组。"

大家需要按照我要求的人数进行分组,组好队的人就可以坐下来。但是如果在这时候有两组人都是好朋友,就会产生一个难题。通常情况下,这四个人会互相盯着对方,等着看对方会做什么。

他们不会说："好吧，我们两个分开，你去这一组，我去那一组。"僵局通常会持续一会儿。

接着我又会说："接下来，请大家组成十一人的小组。"

命令一下，小组人数急剧增加：如果四个三人小组合并，将有十二人，所以除非有一人主动离开，否则无法组成十一人的小组。

十一人小组形成后我又会说："接下来请大家组成五人小组。"

当十一个人要分成两个五人小组时，就必须有一个人离开。

问题是，我们能否在特定时刻做出选择，自己离开？

如果害怕一个人，将无法行动。

如果是你，你会怎么办？

协作是什么意思？

上述分组游戏可以**通过练习来提高效率**。

起初，完成分组需要不少时间，因为没有多少人能够主动离开。

"各位，这是一个练习独立的游戏。每一次，你们都要思考作为一个个体该做什么，并迅速采取行动。"当我这样跟大家解释之后，越来越多的人可以快速行动，在短时间内形成小组。

这个游戏不仅能看出你是否有独处的勇气，也能看出你是否有协作能力和社交能力。

不想被抛弃的人只考虑自己。环顾四周我发现，那些从对整体环境有利的角度来思考如何行动的人，能够迅速采取行动。

协作并不意味着与你周围的人做同样的事情。你可以通过自身的行动，决定整件事情能否成功。你不仅可以思考，还可以迅速行动。这就是协作的本质。

有些人知道自己此刻应该在哪里、做什么，可以在不考虑个人情感、好恶、擅不擅长的情况下采取行动，这是因为这些人有社会意识。

当我在一家大型汽车公司的培训课上让学员们玩这个游戏时，无论人数多少，大家都能迅速地组成小组。这并不是因为那些人是成年人，而是因为他们都有高度的社会意识。每个人都很快明白，只要有一个人离开，这个小组就会顺利形成，所以总会有一个人迅速离开。

有些人会环顾四周，找到缺人的小组，然后说："咱们去加入他们吧。"这种品质就是领导力。这样的人不仅能够思考自己应该做什么，还能够考虑到其他没加入小组的人，从整体上思考该怎么办。他们会思考怎么做才能达到更好的结果。

具有领导力的人能够做到这一点。

"察言观色"这个词不知从何时开始被认为是要附和别人。

简单地与周围的人同步并不能改善整个环境。我认为，"察言观色"的原意是指能够针对某一环境做出判断，思考自己应该做什么，并采取相应的行动。它意味着能够以对改善环境有利的方式做出决定并采取行动，而不是使形势停滞不前。

综上，我认为具有独自行动的勇气非常重要。

像犀牛角一样独自行走

佛陀说："像犀牛角一样独自行走。"

印度犀牛的角是独角，从其鼻尖挺拔地探出来。佛陀用"犀牛角"来比喻独自行走的决心。

佛教经典《经集》以诗文的形式讲述了人生心得，有一篇题名《犀牛角经》。其中有一节写道："朋友之间互相问候起居行止，而他追求别人不追求的独立无羁，让他像犀牛角一样独自游荡。"

我希望你能多次大声朗读它们，并将它们烙在你的心里。

出生和死亡时，我们都是独自一人。

独自行走就是生活。有时你必须离开一群人，因为和他们在一起，你会感到疲惫。试着抽出一些时间来学习，或者做你想做的事情，而不是一直和大家待在一起。

如果人们嘲笑你或在你背后说坏话，不要太担心。你的生活和他们的生活是两码事。你有你的价值观，他们不理解，仅此而已。不是每个人都能理解别人。

不再惧怕孤独就是重视自己。有朋友固然重要，但你更要关照好自己。你最好的朋友是你自己——要能这样想。你不需要带着厌烦跟合不来的人混在一起。

如果你太害怕孤独，甚至和欺负你的人或坏朋友在一起，你的心灵就容易扭曲。"我应该有这样的朋友"或"我不想被人嫌弃，即使我面对的是这样的人"，这些想法太奇怪了，说明你没有珍惜自己。

你要照顾好自己。

孤独使人成长。

如果你能享受独处，你就不会为独自一人而感到羞耻或痛苦。

让我们作为一个个体变得独立吧。这不就是自信吗？当你拥有坚强的意志，自信和自尊就会在你体内扎根。主动选择独处，就是成为不惧怕孤独的独行者。希望你成为一个坚强的人。

第 4 章

为什么朋友离你而去?

"因为是朋友我才告诉你"是一把锋利的刀

"因为是朋友我才告诉你……"

你有这样的口头禅吗？这句话后面通常是批评或谴责对方的话，比如：

"这就是你的错，改了吧。"

"你以为自己很可爱吗？"

我要说点儿难听的话了。你觉得自己是对方的朋友才实话实说，但对方可能会因此受到伤害。不要把语言当成凶器，要注意说话的方式。如果你老是说这样的话，对方就不想和你在一起了。

"我告诉你这些是因为我认为我们是真正的朋友，可以坦诚相待。"你可能会这么想。

然而，**如果你们是亲密的朋友，就不应该无所顾忌地表达自己的感受。**

有一次，我对一个我所认为的死党说了一些相当刺耳的话，从那之后我们就变得疏远了。

即使你们是朋友，即使有些话是真的，也不要轻易说出口。俗话说："亲密的朋友也要有礼貌。"**再亲密的关系也需要有礼有节。**

"坦白讲"也是有破坏力的

在这个意义上，要对"坦白讲"保持警惕。这句话之后往往不是对对方好的或积极的评价。

"我不喜欢那样。虽然不想说，但我真的很讨厌你那样。"

这些话就像一个重磅炸弹，引起对方的揣测："你一直都有这种感觉吗？"于是，过去的一切都被否定。

真心话是有破坏力的。真心话中很容易包含一些破坏关系的话。

真心话的存在意味着心里早就积累了不满。真心话与之前说的话、之前的态度差距越大，你对对方的伤害就越深。以我的经验，真心话很少带来好结果，只会破坏人际关系。

随心所欲地说出真心话，会使你的人际关系变得非常糟。

国家之间说出他们对对方的真实想法，可能会导致战争或外交关系的破裂。

外交是为了避免发生这种情况而进行的沟通。即使在关系紧张的国家之间，外交官们也会试图找到一种稳定的关系，建立和睦的相处方式。如果他们对彼此完全坦诚，可能会带来对双方都不利的结果。

战争就是和平邦交断绝的结果。这意味着彼此之间无法再进行对话。

要想拥有正常、友好的人际关系，就不能口无遮拦地说出真心话。除非你想断绝关系，这是你唯一能说出真实感受的时刻。

适度抑制真实的情感，是人际交往的规则和礼仪。

顺便说一句，有一些名人是以"毒舌"著称的。他们善于用尖酸刻薄的话逗大家发笑。但那些并不是真心话。

懂得语言威力及其玄机的人，把它当作技艺来展示。 他们发挥着自身角色应该起到的作用。如果一个人说出来的话让别人觉得有趣，又能顺带提升自己的知名度，那么说者和听者都会受益。这就是这种关系能够成立的原因。

当你真正见到扮演"毒舌"角色的人时，你会发现他们本人可能实际上都很温和、朴实，说话也很谦虚。因为"毒舌"并不是他们本来的样子。

如果你只是渴望"毒舌"，拼命贬低别人，那么你就会付出代价。你肯定会失去身边的人。

否定语气惹人厌

"不,不是那样的……"

"绝对不是。"

"这是不可能的吧。"

有些人喜欢否定对方说的话。这样一来,好好的谈话就被打断了,对方觉得他们被剥夺了说下去的权利,于是感到非常烦躁。

此外,这些话还否定了谈话的内容。对方发现自己说出的话遭到了拒绝,也会感到十分不满。

许多人都有使用否定词的习惯,这些话是无意识地说出来的,说话人甚至没有意识到自己在说这些话。

这在成年人中也很常见。

"但是……是吧。"

"但是"是一个转折连词,有时候你完全无意识地说出口，而实际上你可能并不想跟人唱反调。遗憾的是，"但是"已经成为很多人的口头禅。说话的人自己并没有意识到，每次他们这样说都是在否定对方的话。

我认为这么说会让这些人在人际关系中吃亏。所以，最好尽可能避免使用"但是""可是""然而""即便如此"等词语。

特别需要强调的是，不要否定对方喜欢或认为好的东西。

当对方说"这个可以哟，很有趣哟"的时候，你的一句"真无聊"会让对方遭到双重打击。

因为你的话不仅否定了对方的喜好，同时也否定了说话的人。

说"太夸张了吧"，对方会感到伤心；说"没有那样的事"，对方会生气；而说"真讨厌"，对方也会讨厌你。这些情绪可能会单独出现，也可能会一起出现。

人的好恶各不相同。**不否定对方喜欢的东西是重要的礼仪。**

我就有过失败的教训。

有一次，我和一个年轻人聊天，谈到对方喜欢的艺术家。当那个人说出艺术家的名字时，我感到有点儿意外，于是说："欸，他哪里好？"我记得很清楚，下一刻，笑容就从那个人的脸上消失了。

我想我可能伤害了他，所以我立即追问，但已经太晚了。从那之后，那个人不再和我谈论他喜欢的东西，不仅仅是音乐。

"你喜欢它什么？"从字面上，你可能看不出其中否定的意味。但在谈话中，这么说就会传达出细微的负面情绪！之后，我诚恳地对此进行了反省。

有一次，一个自称御宅族[①]的人对我说："我的御

[①] 指任何热衷于特定主题或娱乐等的人，例如体育宅、音乐宅、摄影宅、军事宅等。——译者注

宅族伙伴都相当体贴。也许是因为他们中的许多人都受过伤害,比如被人骂'恶心'之类的,所以他们能够理解别人的痛苦。这就是他们不会冒犯我的原因。**因为讨厌自己喜欢的事物被否定,所以也不否定对方喜欢的事物。**你们可能会觉得意外,但大家都很有礼貌,很体贴。"

己所不欲,勿施于人。说明他们懂得人际关系的微妙之处。

容易被冒犯的人很难相处

遇到自己不喜欢的事情就会生气;如果别人没按自己的想法做事,也会生气。老实说,这种人通常被大家视为麻烦。

另外,有些人情绪波动大,时而面色阴沉,时而情绪高涨,吵吵闹闹,很难与别人相处,时时让周围的人感到疲惫。

每个人都有高兴和悲伤的事,但大家都努力不在交往中表现出情绪的起伏。 在人们看来,大概只有无法控制自己感情的幼儿和怪人,才能得到原谅吧。

其他容易让人厌烦的行为和做法还有:

· 不听取别人的意见,强烈地主张"不是,这个不行";

· 口无遮拦,随口说出别人的秘密;

· 容易吵架,常与人发生冲突;

· 总说贬低自己的话;

· 缺乏主动性,总是说"什么都行""哪里都行",不明确表达自己的想法。

那些口无遮拦、乱说话的人不值得信赖。他们不仅在日常谈话中口无遮拦,在社交媒体上也常常漫不经心,随意地写下一些事。我不希望周围有这样的人。

容易与人发生冲突的人,会使周围的气氛变得很不愉快。在他们与旁人发生激烈争吵时，即使是最温和的人也会被卷入其中，变得焦躁不安。

太过自信的人不好，但缺乏自信或主动性，不表明自己意图的人也会令人生厌。

如果不纠正这些坏习惯，人们就会从你的身边离开。

拒绝别人的人自然无人邀请

在人际交往中，积极回应邀请的态度很重要。不管喜欢还是讨厌，擅长还是不擅长，只要遇到有利于交往的事，就要采取主动，这一点很重要。

不要说什么"卡拉 OK？我不喜欢卡拉 OK"，或者"我唱歌太难听了，所以很不好意思"。擅不擅长唱歌，喜不喜欢卡拉 OK，都没关系。即使不擅长也要去，这样的人**善于社交**。

即使不主动参与，如果被邀请时欣然接受，朋友间的友谊也会更加长久，你将得到大家的认可。

因此，**你越是担心没有朋友，就越是要确保不浪费这些受邀的机会。**如果你想要朋友，请随时接受人们的邀请。

有人邀请你是好事。如果被邀请三次，你拒绝三次，之后就不会再有人邀请你了。他们会认为："即使我邀请，他也不会来，所以我不需要问他。"

好的社交可以让你尝试以前从未做过的事，去你从未去过的地方，吃你从未吃过的东西，扩大你的兴趣范围。通过这种方式，你可以了解自己，也可以了解对方，并加深朋友之间的关系。**开放的心态和灵活应变的能力可以帮助你更好地与他人交往。**

惹恼别人时，你会坦诚地道歉吗？

得罪人后，如果不能诚恳地道歉，你将会失去朋友。

有的人可能固执地认为："如果我在这时道歉就输了。"但其实，没有什么可意气用事的。善于交朋友的人，即使认为对方有问题，也会主动让步、道歉，以求改善关系。

能否迅速搭建起和解的桥梁，决定了朋友是回来还是离开。

越早修复关系越好。如果对方确实有不高兴的感觉，那么一定要尽早修复关系。如果可能的话，最好口头道歉。因为口头和书面的情感表达方式是不同的。

总之，最好当天就发送道歉信息，第二天再口头道歉。

如果你们能够顺利和好，当场约对方出去玩是个好主意。你可以在当天回家的路上邀请他一起去某个地方，当作和解的标志或"今后也请多关照"的表示。趁着和好的时机，走近一步，缩短你和对方心灵上的距离。否则，即使你们在形式上和好如初，也有可能自然地疏远。

如果对方非常生气，不肯轻易原谅你，那就只能给他些时间了。等时间来缓解他的情绪也是修复关系的方法。

被冒犯时，有回避的技巧吗？

故意说别人不喜欢的话或做别人不喜欢的事情都是幼稚的行为，但仍然有人喜欢这样做。

如果你对他们发火，说明你和他们处于同一水平。

但如果你能无视这些行为，那就很好。

遇到别人故意冒犯，你要学会回避，就像在拥挤的地方行走快要被人撞到时，你需要稍微侧过身体。

在交谈中，如果你善于回避，就可以避免冲突！这样，你将能够以轻松的方式与你不喜欢的人打交道。即使有人说了一些刺激你的话，你也可以选择听而不闻，然后若无其事地**转移话题**。例如："说到XX，你知道……吗？"这样就避免了继续谈论那个不愉快的话题。

这样做既不会引起无谓的风波，也可以避免冲突，是一种较为成熟的处理方式，可以让我们从容应对不愉快。

你也可以采用**幽默的回答**来应对这类问题。

有一次，我在大学里给一群即将走上教师岗位的师范生上课。我听说他们在教学实践中有时会被学生取笑。比如："老师，你的脸好大啊。"或者："你的腿太短了！"

他们比学校的教师年轻，更容易接近，所以学生往往会说一些难听的话，以观察他们的反应。

"这个时候，我应该如何回应呢？"有人问我。

而我告诉他们："最好的方法是用幽默来回应。"

例如："我的脸很大吗？歌舞伎演员说，大脸与舞台更相配。为了能让你们看清,我把脸都弄大了。"

或者:"多亏腿短,所以稳定性好,我很擅长摔跤。有人想和我比试一下吗?"

我告诉他们,接受"毒舌"评论并将其转化为笑声是个好方法。如果你能磨炼自己的**幽默**技巧,你会发现你很容易应对各种情况。

癖好和习惯差异带来的冲突

人与人相处可能会产生各种麻烦,比如出现你不擅长应付或不讨你喜欢的人,你也可能被边缘化或被讨厌。这是无可奈何的事。我认为最好不要把这归结于人格或性格的问题。

俗话说:**"人是习惯的集合。"**人们有不同的习惯,这些习惯造就了一个人。

我相信,**人也是癖好的集合。**人有很多癖好,也是这些癖好造就了一个人。

我认为，**人与人之间的冲突是他们各种癖好和习惯的冲突**。导致冲突和分歧的并不是不同的性格，而是他们与对方的癖好、习惯产生了分歧。一个人身上存在许多癖好和习惯，而其中会有一两个被别人讨厌。

从这个意义上说，还不至于把对方当成眼中钉。

改变一个癖好或习惯并不难。你只需要**改变你的行为**。例如，不要说"坦白讲……"，不要冒犯人后草率地道歉，而是要改变具体的行动。

如果我必须一次解决一两百件事情，那会很麻烦。但如果我能够通过解决一两个关键问题，使人们不讨厌我，认为我更容易相处，那么我就会这么做。

在与他人的交往中，不断改掉自己的不良癖好或习惯就好了。

尝试适应他人

那些莫名其妙失去朋友的人，往往是视野狭窄、以自我为中心的人。他们无法从他人的角度思考问题，或者倾向于将自己的想法强加于人。

如果人们**学习接受和回应其他人的感受和需求**，而不是顽固地捍卫自己，他们会变得越来越容易接受别人。

歌德说过这样的话："要求旁人都合我们的脾气，那是很愚蠢的。""一个人正是要跟那些和自己生性相反的人打交道，才能和他们相处，从而激发自己性格中一切不同的方面使其得到发展完成，很快就感到自己在每个方面都达到成熟。"（出自爱克曼辑录《歌德谈话录》）

学会了与不喜欢或难以相处的人相处融洽，不仅会让你与亲密朋友的交往变得顺利，还能让你在处理一般的人际关系时也能做得更好。这种人际交往的技巧会让你终生受用。

当你将来走入社会，你需要与持有不同看法和思维方式的工作伙伴或同事相处融洽。为此，你现在就要磨炼这些技能。

第 5 章

需要拒绝的关系

"那种朋友，不如没有！"

我为小学生出版过一本书，书名是《那种朋友，不如没有！》。因为我觉得，随着欺凌和暴力行为的低龄化，不能像以前那样一味教导小学生"大家都是朋友，不要区别对待，要和所有人都和睦相处"。

"那种朋友"是指对你有消极影响的人，比如在你努力学习时试图拖累你，散布坏消息，欺骗你，或把你引入歧途的人。

希望你尽早明白，没有必要与一个伤害你、让你感到痛苦的人做朋友。

到处都会有伤害你的人。刚开始不那么想的人，可能也会在不知不觉间改变。你不用继续忍耐他，你不需要那样的朋友。

重要的是保护好自己，有勇气说"不"，和危险的人保持距离。

在本章中，我将告诉你如何做到这一点。

大家都有欺负人的危险性

"欺负人是不好的。"许多人都知道这一点,但欺凌现象并没有消失。这是为什么呢?

一般研究认为这与人类的生物特征有关,即**渴望在群体中占上风的攻击性。**

当霸凌者看到对方因遭受欺凌而陷入困境或遭受痛苦时,他们会觉得自己处于控制地位,这让他们有种愉悦感和优越感。他们越享受这种优越感,就越要欺负人。

麻烦的是,对于霸凌者来说,这似乎是一种难以拒绝的快乐。

在群体中处于优势地位,意味着在生存竞争中获胜。这是生物在自然界中形成的一种生存机制。**不仅一些具有攻击性的人会霸凌,每个人都有欺凌他人的潜在危险性。**

显然，这种优越感带来的快感非常强烈，甚至赶跑了道德认知——欺凌是不对的。抵挡不住这种诱惑的人，试图找一些理由为自己的行为辩护。他们会说："是那个人的问题。我要让他意识到这一点，所以惩罚他一下。"

这是人性危险的一面。然而，**将自己的快乐置于人类道德之上是软弱和不成熟的表现。**

怎么阻止欺凌的连锁反应？

人们经常争论欺负人到什么程度才算欺凌，但我想这与程度无关。

有些人说："这种程度的攻击行为在儿童中很常见。如果这就叫欺凌，那也太玻璃心了。"**无论程度如何，原因是什么，欺凌都是不对的。**

在很多校园霸凌的例子里，霸凌者说他们只是开开玩笑。然而，没有人应该为了让别人闹着玩而受到欺负。因此，我们必须继续努力，设法减少这种现象。

然而在现实中，抵制欺凌需要很大的勇气。

例如，如果班上一个颇有权威的人说："嘿，你不觉得那个人有点儿得意忘形吗？咱们都别理他。"

你能说"不，我不想"或"我们不要这样做"吗？如果你说出来，他们的目标就很可能转向你。你会因为担心自己成为被孤立的目标而选择盲从。

我不认为参与其中的人一开始就想这么做。但是，这样做的时候，大脑会因欺凌行为而产生快感。不知不觉，你也开始笑着欺负别人，好像这是一个游戏。

这个过程就像你逐渐在头脑中创造出一个怪物。每个人都有成为怪物的可能。因此，我希望人们能够**遏止这种心理变化。**

为了阻止这个连锁反应，我们每一个人都必须有意识地采取行动。不仅仅是为了保护自己不成为受害者，也是避免自己**成为加害者**。

我在前面谈到过作为独立个体的协作能力。

如果你能培养出独处的能力，就能在制止欺凌的恶性循环中发挥积极的作用。来自内心深处的力量让你有勇气变得坚强。一些强烈的意识在你的体内苏醒，克服了"如果这样做，下一个被殴打的就是我"之类的恐惧心理。这就是自主性和真正的自我意识。

不介意孤独的能力可以支撑你的知、仁、勇。

如何找到逃生路线？

如果你被人欺负，不知道该怎么办，**那就跑。逃跑是一种求生的方法和手段。**

不断被贬低和被辱骂、遭受暴力，你会失去思考的能力。而一旦失去了判断力，思维也就停止了。

例如，如果不断地被人骂脏话，被人欺负，你就会对自己失去信心，甚至产生"我不值得这样"或者

"我不想活了"的念头。

放弃生命是一种逃避,并不能解决任何问题。

死亡就是放弃自己。放弃自己,放弃你的梦想、你的未来、你的生活是愚蠢的。为什么要因为个别人扭曲的快感而放弃自己呢?

绝对不能放弃生命。你必须采取行动,拯救自己,走出困境。

我希望你做的第一件事是**告诉父母**。永远不要一个人承受。

许多人做不到这一点。他们之所以觉得不好意思告诉父母他们的世界发生了什么,是因为他们正在变得独立,逐渐成为一个成熟的人。

然而,**欺凌现象不是一个人就能解决的,你需要强大的盟友。**

对你来说,最强大的盟友就是父母。如果你们认为告诉父母会引起他们的担心或恼怒,那是因为你缺乏判断力和想象力。

试想一个孩子在父母不知情的情况下自杀，他的父母会怎样？他们会伤心欲绝。这是最大的不孝。

"为什么我没有注意到？""为什么我没做点儿什么呢？"他们将在余生中痛苦不堪，不断责怪自己。

如果你不希望父母受苦，就应该告诉他们你遇到的问题，然后和他们一起商量对策。

告诉父母意味着你有一个安全的地方停靠。如果什么都不说，只是不去学校，每天待在自己的房间里，父母也会莫名其妙，说一些不理解你的话。

如果他们知道并理解这种情况，你将暂时获得一个安全可靠的庇护所。无论你想休学一段时间来思考未来，还是让父母与你的班主任谈一谈，给你换个学校，你都需要他们的理解和支持。

遇到问题时，先让你的直系亲属站在你这边，让整个家庭来共同处理这种情况。没有人比你的父母更关心你的未来。

与能够做出客观判断的第三方合作

有些人可能会选择和不参与欺凌的朋友说出自己的经历，或者和在社交网站上认识的朋友聊一聊，但他们忽略了成年人的作用。

同龄的朋友，无论他们看起来多么可靠，都是没有太多生活经验的未成年人。他们所知道的和经历的与你没有什么不同。朋友说的话可能很容易引起你的共鸣，但比不上成年人的智慧——他们很清楚社会不是理性的，可以从许多不同的角度看问题。所以，最好与成年人谈一谈，征求他们的意见。

最好请父母一起去找学校的老师商量，而不是自己一个人去说。

但商量并不是责怪，不要指责老师："你为什么没发现呢？"或者："你为什么不阻止呢？"而是要求老师一起思考，看看他们能做些什么来解决困扰你的问题。

例如问问老师，自己能否调班，避免在下一学年与霸凌团体的成员在同一个班级。通常来讲，这在学年中间是不可能的，但在下一学年，老师可以做出一些调整。

与其从一开始就假设肯定不行，不如试着与老师商量一下，看看能不能实现。如果不行，再另想办法。

成年人遇到类似的麻烦时会怎么做呢？

如果问题很复杂，且不容易解决，就请一个能做出冷静思考和客观判断的第三方介入， 比如咨询律师或警察。

与学校老师商量时，你也可以请第三方，如学校辅导员或律师参与。

如果由于某种原因，你无法与父母交谈，或者你已经尝试与学校老师交谈，但他们似乎不理解你，你可以在校外找一个值得信赖的成年人。

判断某人是否值得信赖的一个方法，是看他们能否在与你初次交流时说一些让你感到安心的话。虽然这个标准不全面，但无论如何，可以成为盟友的人会说一些让你立即感到安心的话。

有的社区内设有一些公共机构，如儿童指导中心，可以提供建议和帮助。

你可以通过多种方式发出求救信号，总会有一种途径可以得到帮助。

试着转换思路，集中精力做点儿什么吧

如果你觉得在这所学校待不下去了，那就转学吧。如果觉得同学很可怕，害怕去学校的话，就不用去了，总有重新开始的方法。

生命没了不能重新来过，但活着就能重新开始。

我建议你建立一个自己的世界，作为精神上的避难所。例如，**集中精力学习。**目标是提高学习能力，上一所欺凌者几乎去不了的学校。

如果一个人能够学习各种各样的知识，培养广泛的兴趣、冷静思考的能力，就不太可能成为一个恶棍。毕竟，如果可以选择，很少有人会以欺凌这样卑劣的方式享受优越感。相反，他们会意识到，达成目标、实现自我的快乐更令人满足。

如果有想做的事情，他们也会沉浸进去。

做喜欢的事会让人开心，治愈心灵的创伤。现在，你可以在网上学到很多东西，好好利用这一点吧。

一个人可以很努力地学习，但不要脱离社会。人一旦变得害怕和人交往，与社会失去联系，就会很痛苦。最好有某件事或某个爱好，能让你保持与外界的联系。当你把所有的精力都投入进去，你会在这个过程中认识人，交到朋友。

我有这个爱好，可以因为这个而活着，如果你能那么想就更好了。你会意识到，还有这么多有趣的事情可做，没必要因为遭受欺凌而对生活感到绝望。

爱好会让你变得积极起来。

如果有一个目标，你就会思考需要学习什么，提高什么技能，以便在这个领域获得进一步发展。为此，你开始考虑现在该做什么。许多人在经历欺凌之后找到了属于自己的路以及属于自己的生活方式，变得活跃起来。

如果你能正确地面对，欺凌也可以成为转变人生的机会。所以，不要让欺凌毒害你的心，控制你，毁掉你的人生。

"那样的朋友，不如没有！"我希望你把这句话当作振奋人心的箴言，一切向前看。

第 6 章

朋友终究是好的

学会像成年人一样控制情绪和社交

青春期是你学会在社会中审视自己、脱离幼稚、学习成年人社交方式的时期。这是一个思想养成的时期，将构成你未来自我的基础。

童年和青春期最大的区别是**控制自己的情绪和心情的能力**。通常只有在青春期之后，我们才能够完全具备这种能力。这意味着，无论一个人跟你有多亲近，你都不能在他面前百分之百地表露你的情绪，无论是通过语言还是行为。

哲学家尼采的著作《查拉图斯特拉如是说》中有一段话我非常喜欢，他说："为你的朋友，你打扮得唯恐不够美；因为对你的朋友来说，你当成为一支箭，以及一种对超人的渴望。"

我太喜欢最后这句话了，我把它当成了座右铭："做一支射向梦想的箭！"

在这段话前面还有一句话:"毫无遮掩是对对方的冒犯。你应该避免在朋友面前暴露无遗。"

尼采不喜欢温暾的表达方式,他的话非常尖锐。他告诉我们,**不要把真实的自我暴露给朋友,因为这会让他们感到不舒服。**

带着上进心和积极的态度站在你的朋友面前。这就是"打扮"的含义。坦率地说出你的想法,就像对一个衣着得体、试图与你交谈的人赤裸裸地咆哮。

我说过,年轻的时候,因为我没有考虑到别人的感受,说了一些不该说的话,让我失去了一些朋友和熟人。那些话让我深深地反思,我当时所做的正是毫不掩饰自己的不成熟的行为。

不能控制自己的情绪对一个社会人来说是不成熟的表现。就像穿整洁的衣服是社交礼仪,能避免引起不适一样,说话内容也要有所选择,并以恭敬的方式说出来。这也是一项重要的社交礼仪。

在社交媒体上，我们使用文字来表达想法，这需要我们更加小心。比起从口中说出的话，**文字更有可能成为伤害人的凶器。**

有些话尖酸、刻薄，你可能当面说不出来，但却可以用手指敲文字轻松地发给别人。如果你平时就沉浸在这种语言暴力的环境里，你的感官就会越来越麻痹。

在日本有句老话："晚上写的信不要发出去。"这是因为在晚上，你独自思考各种事情，容易导致情绪激动。这时候写出的信，到早晨心平气和时回读，往往会让人觉得非常尴尬。

在线交流可能是非常冲动的，因为你会把当时的情绪以文字的形式直接发出去。网上的语言暴力大多是由于我们不成熟，无法控制自己的情绪造成的。正因为想迅速回应，我们会暴露出日常词汇的贫乏。**所以，你必须审慎地选择你要说的话。**

没有友谊问题的"幸福三角"

在第一章中,我们介绍了使友谊立于不败之地的三种能力:

① **结交合得来的朋友的能力**
② **与合不来的人和睦相处的能力**
③ **享受独处的能力**

初中生和高中生的大部分注意力都集中在结交合得来的朋友上。他们对与自己合不来的人,就是不喜欢的人,基本上无动于衷。他们中的许多人可能认为,和这些人交往很有压力。

然而,只交几个朋友,会使友谊和人际关系更加令人窒息。

其实,**你越是能与每个人打成一片,你就越能得到各种关系的好处,压力也就越小。**

身边有个能与你平心静气交谈的人是件好事。如果可以互相问候,哪怕只是一两句话,你都不会感到寂寞。它可以成为你心灵的港湾。

然而，不交往就无法真正了解一个人。比如，你认为跟你合不来的人，很可能会成为你的好朋友。

我希望这本书能让你认识到，结交**合得来的朋友**的最佳方式是专注于**爱好**。

通过喜欢的东西交到朋友，因为有共同的爱好，即使不经常在一起也不会感到不安。因为是喜欢的事情，沉浸其中会让你感到既开心又充满活力。你们就能愉快地交往。

朋友是**能让你开怀大笑、变得精力充沛的人**。因为共同的爱好而联系在一起的人也符合这个定义。

你会因为喜欢某件事而投入大量的时间和精力，从而生出自信。当你有了自信，你就会变得更加独立。你将不必再看朋友的脸色，依赖他们，顺从他们的决定。脱离这种依赖关系，并不意味着你失去了朋友，它表明你可以建立一种更自由的关系。

当你把结交合得来的朋友的能力、与合不来的人好好相处的能力以及享受独处的能力结合起来时，你就创造了一个"幸福三角"，你将能够**在人际关系中获得独立，而不受周围人的摆布**。

喜欢独处的人需要朋友吗？

如果你说"我喜欢自己一个人，我不需要朋友"，你就不必强迫自己去交朋友。然而，你应该小心，不要因为不介意独处而成为一个孤单的独行者。

自称不需要朋友的人往往按自己的节奏走，不考虑别人的感受，被称为怪人或不懂察言观色的人。如果你觉得"无所谓，这样也不错"，并且长大后也没有什么社交经验的话，当你走向社会时，就会遇到困难。

无论多么喜欢独处，你都应该培养自己与他人轻松相处的能力。

如果待在自己的封闭世界里，不与他人交流，你的思维方式就会逐渐僵化。当我们的思想和行动变得僵化时，就很容易局限在某个思维定式里。

如果你想在自己喜欢的领域有所提高，进一步发展自己，就必须与真实世界里**能给你带来刺激的人**接触，比如能给你建议的导师和前辈，以及能与你友好竞争的朋友。受到外部刺激时，你的认知范围就会扩大。

建议大家灵活处理，不断从其他人那里获得刺激，并让这样的刺激持续下去。

一个不需要任何人告诉你该怎么做的环境可能看起来很安全，但如果在那种封闭的环境中待太久，你甚至不会意识到自己正在变成一只被温水煮着的青蛙。

即使你喜欢独处，也不要对他人关闭心门。即使你喜欢独处，也要养成接受他人意见的习惯。如果没有一个开放的心态，你就会错过眼前的机会。

你是否能让那些逗你开心的人也微笑呢？

朋友让你展露微笑，振作起来。这微笑并不是源自一些有趣的事情，而是**因为你心情愉快，受到鼓励，充满勇气。**

当我们面对困难时，朋友总是默默地陪伴在我们身边。尽管我们彼此可能相距甚远，但只要听到他们的声音或收到他们的信息，我们就会振作起来。

从朋友身上，我们获得了情感上的支持和对生活的积极态度。好朋友会带来正能量，使你能够乐观地生活。

那么，**你有没有让对方也露出笑容、打起精神来呢？**你是否能够在自己微笑、振作之后，给予对方同样的慰藉呢？这不是一个等价交换的问题。

"我很乐意为对方做一些事情。"

"当对方高兴时，我也会高兴。"

你能否带着这种想法去思考和行动呢？

这就是**关心对方**的含义。我认为，友谊是一种双向的情感关系。

日本文豪夏目漱石和俳句诗人正冈子规之间就存在着这样的友谊。他们是东京第一高级中学的同学，因为都喜欢落语而成为亲密的朋友。他们都喜欢去曲艺场。

当漱石被派往松山担任英语教师时，子规正因肺结核接受疗养。漱石给子规写信道："我想学习俳句，希望你有空的时候能教教我。"他希望子规通过喜欢和擅长的事情来缓解病痛。子规来到松山，住在漱石的住处，两人花了很多时间谈论文学。

漱石在伦敦学习期间，和子规互通书信。子规的病情不断恶化，每天都在床上忍受着痛苦。漱石给子规写信，幽默地讲述了在伦敦发生的事情。子规读了这些后，回信道："你的信是我最近收到的最好的东西。"当时，漱石处于神经衰弱的状态，但他仍惦记着给子规写一些欢快的东西，让他高兴起来。

在漱石出版《我是猫》和《哥儿》等小说时，子规已经去世，但这些充满滑稽趣味的小说都刊登在与子规很有渊源的杂志《杜鹃》上。

我认为这样的朋友是值得被称为挚友的。

设身处地为对方着想的想象力

亲密关系的建立需要一个过程。

刚开始完全不认识的人因为某种原因开始互相交流。他们觉得和对方交谈很开心，想再深入聊聊。就这样，交谈的次数便多了起来。渐渐地，他们花了很多时间在一起谈论各种事情，产生共鸣，了解彼此的差异，这有助于缩短他们之间的距离。随着时间的积累，与对方的关系也逐渐成熟起来。

夏目漱石和正冈子规在第一次热烈地谈论落语后，并没有立即成为朋友，但随着交往的加深，他们逐渐意识到如何给对方带来快乐。经历了各种事情以后，两人之间信任的纽带一点一点变得牢固。这就是心灵的牵绊。

为了建立良好的人际关系，设身处地地为别人着想是十分必要的。不要只考虑自己的心情、自己的想法，而要问问自己："假如处在对方的立场会怎么想？"

这就是想象力。

设身处地为对方着想，说起来很简单，但你真能做到吗？

我在一本书中看到一个贴切的说法，叫"试着穿上别人的鞋子"。这是一名中学生说的，被记录在一本叫作《我是黄，也是白，还带着一点蓝》的书里。

书中有一章的标题和书名一样,这些话就出自作者上初中的儿子。这个作者嫁给了一个爱尔兰人,住在英国,所以孩子的父母分别是白种人和黄种人。

英国的人种、民族、贫富差距等问题比日本更为明显。书中讲了很多孩子交友的故事。作者的儿子在学校学习了同理心之后,回到家里对父母说:"要试着穿上别人的鞋子。"

他对父母说,为了更好地认识和适应这个变化的世界,重要的是要努力想象与我们立场不同或意见不同的人的感受。换句话说,要站在别人的角度考虑问题。

我觉得这句话说得太好了。想象力可能给人一种空想的感觉,但它是在头脑中**把实际上看不到的东西联系起来的一种能力。**

你能把不同立场的他人、将来的自己和此时此地的自己联系起来吗?

能做到这一点的人就是具有想象力的人,他们能站在对方的立场上思考问题，改善人际关系。

后悔也能为你提供动力，推动你继续前进

人非圣贤，孰能无过。在人际交往中，可能有一些事情会让你感到后悔，你会想："我为什么会做那种事呢？"

没有经过深思熟虑就做了不该做的事；以得理不饶人的架势，跟人吵架闹矛盾；害怕矛头对准你，所以加入了欺凌者的行列……这些痛苦的经历并不完全是负面的。下次再发生类似的情况时，牢牢记住**这次不会做和那时一样的事情**，你就可以改变自己的行为。

在畅销漫画《你想活出怎样的人生》中，有一个桥段是主角小哥白尼背叛了他的朋友。

那是一个下雪天，小哥白尼和他的朋友们在学校

操场上玩耍时，被高年级学生找上了。小哥白尼不敢采取行动保护他的朋友。他对自己的狡猾和无能深感后悔。于是，他的妈妈对他讲了自己年轻时的故事。

妈妈说，有一次，她看到一个老奶奶拿着大件行李，走在长长的石阶上。她虽然想问"要不要我帮您拿行李"，但最终还是没能说出口。这件事她记了二十多年，一直忘不掉。

她说，**懊悔一次又一次涌上心头**，让她无法忘记这段经历。而正是这段刻骨铭心的记忆让她明白了善行的可贵。

从一开始就能做出正确行动的人不多，因为人会犯错误。但是，要记住"那是不行的"，然后吸取教训，用"下次绝对不做那样的事"来敦促自己做出改变。

没有人会不犯任何错误。如果我们能不断吸取教训，改变自己的行动，就会变得越来越好。

谁才是最好的朋友？

在第三章，我引用了一句佛陀的话："像犀牛角一样独自行走。"

佛陀解释了如何放下对事物的执念，作为一个独立的人前行，并多次重申："像犀牛角一样独自游荡。"

在那段经文中，只有一个地方，他用了不同的句子做结尾：**"如果得到一位聪明睿智的朋友，品行端正的同伴，那就应该克服一切险阻，愉快地，自觉地与他同行。"**

他说："心里要欢喜，要自在，要与他同行。"那么，什么样的人是佛陀所说的同伴呢？

我想了很久。我得出的结论是：**一个具有上进心的朋友**；一个始终以积极的态度向着更高的目标努力的人；**一个可以与你产生共鸣，从而使你们相互促进的人**。我认为这就是最好的朋友，就像前面提到的夏目漱石和正冈子规。

上初中的时候,老师给我讲过一个故事。这是关于两个画家朋友的故事。

有一天,一位画家去另一位画家家里拜访。不巧,另一位画家出门去了。于是他在这位画家朋友房间的画布上画了一条线,然后回家了。另一位画家回来时看到这条线,随即意识到:"我不在家时,他来过了吗?"只需看一眼,他就能知道来者是谁。看到那条线时,他激动地说:"哦,他画得这么好,我也要努力了。"

即使没有见面,一方的存在也会鼓励另一方。这让我感动。

朋友不一定要一直在一起。

只是倾诉或倾听,这不是共鸣。**有一个能激发你上进的朋友,是人生的一大幸事。**如果能找到增加这种情感力量的人，你将是最幸福的。

即便我们有不同的目标，那也无关紧要。在追求进步方面，我们有着相同的志向。

尼采提到过如星星一般的友谊。两颗星星相隔很远，它们各自闪烁。他说，就像夜空中闪烁的星星一样，即使处在不同的轨道上，我们也应该积极地影响对方。

孔子还说，我们不应该和那些没有上进心的人交朋友。

和拥有上进心的人交朋友令人非常安心。与这样的人交往，你可以感受到为他们做事的喜悦，从他们那里得到的激励也能使你获得更快的成长。

当你感觉到，你的心灵和生活方式因为这个人的存在而变得丰富起来时，他大概就是你真正的朋友吧。

朋友的确是个好东西,所以不要害怕交朋友。同时,也不要害怕独处。你的人生,掌舵的是你自己。我衷心希望,在未来的日子里,你会遇到好朋友,而且得到他们的支持,同时也能给予他们支持。

最后,我想对你说:"朋友啊,做飞向梦想的箭吧!"

附录

缩短心灵距离的
七种方式

在保持社交距离的时代如何缩短心灵距离?

我想你们已经了解了**社交距离**这个词语。

为了防止新型冠状病毒的感染扩散,为了不与人密切接触,我们要保持适当的物理距离。至少要和别人间隔一米,最好是两米左右,以避免感染的风险。这在日本被称为社交距离。我想你们也应该有过相似的体验。

人类社会是由人组成的,他们以各种方式相互联系。

在疫情严峻、要求人们减少外出的时候,一名独居的大学生说:"我感到非常不安,很孤独。"

大学停课,不能进入校园,也不能进行任何社团活动。打工的地方也停业了,不能干活儿了。见不到朋友,也不能回家。在社交网站上交流成了与别人接触的唯一方式。

"我想和人聊一聊。任何人都可以，多小的事都可以，哪怕互相嘲弄一番。"

没有什么比与社会脱节更让人感到孤独的了。

与新冠病毒的斗争是一场长期的战斗。开发出可靠有效的疫苗或治疗方法并在全世界范围内广泛使用，需要时间。在此期间，疫情有可能再次爆发。因此，整个社会还会不时地实施各种活动限制。社交距离需要继续保持。

即使学校重新开放，学生们也不会像以前那样紧挨着排队了。你甚至不能摘下口罩。你仍然需要保持和朋友之间的距离。

无法拉近与朋友的物理距离，你可以拉近你们的心灵距离。 你可以设计一些方法来减少你和朋友之间的心灵距离。

在网上通过视频交流时，有些人觉得很难说出自己想说的话。明明想更活泼地和大家说话，但不知为什么脸变得僵硬了，不能自在地说话了。

在网络上互动时，我们成了**显示器上的一个图像**。由于有时会参加电视节目的录制，我知道想要在电视上看起来不错，不仅要注意外表，声音、反应能力，连说话的方式都需要技巧。但只要经过一番练习，每个人都可以做到。

视频网站的博主知道什么内容受人欢迎。我认为他们不仅知道什么内容能让人开心，而且还知道如何以吸引人的方式表达出来。

进行视频交流时，重要的是掌握好谈话的要点。如果你能做到这一点，就会给人留下与众不同的印象。如果你现在学会了这些技巧，你将在今后的人际沟通中感到更加自信。

以下是拉近你和你想认识的人之间心灵距离的七个技巧。

七个技巧

1. 声音响亮清晰

声音是从身体里发出来的。**声音代表了一个人的活力**。无论你说得多好，声音太小就没办法让人听到。

在电视节目录制中，每个人说话都很大声。因为戴着麦克风，即使小声说话，别人也能听到你的声音。但小声说话会让你缺乏气场，让人们觉得你没有活力。

有一种东西叫作声势，声势越大存在感就越强。每个人都很清楚这一点，这就是他们提高自己音量的原因。

即使你不做其他任何特别的事情，只要你有意识地养成**深呼吸和清晰表达**的习惯，你就能做到这一点。

2. 动作幅度加大 0.5 倍

无论是戴着口罩面对面地交流，还是在网上对话都是如此。因为很难看到表情，所以**夸张点儿的动作看起来更容易传达信息**。

例如，在并排行走时说话，每次想表达赞同时无须点头，仅仅一句"嗯"或"是"就足以传达信息。但如果通过视频交流，而你又戴着口罩，声音可能就不足以传达信息了。这时，你最好用力地低下你的头，做一个明显的点头动作。

通过手势把你的信息传达出去。

我经常告诉我的学生："试着像意大利人一样说话。"当我观察意大利人说话时，我发现意大利人的手部动作很多，而且很有表现力。

重要的是，要用比平时强烈一半的方式来表达自己，就像把意大利人的气质注入自己体内一样。如果你这样做，你的声音和活力一定会增加。

3.通过对视、微笑、点头、附和来提升好感度

看着对方的眼睛、微笑、明确地点头、附和，这些是开展愉快对话的基本姿势。

首先，在与对方说话时，要认真地看着对方的眼睛。在对方说话的时候，也是如此。

如果你在上网课的时候笑得太多，老师可能会对你上课的态度产生怀疑。笑或不笑取决于场合。但基本上，在对话中你应该保持微笑和温和的表情。

在听对方说话的时候，偶尔点点头，或者附和一下。如前所述，点头后要有明确的行动。点头的动作传达了共鸣的感受，增强了谈话的效果。

"嗯""啊""是啊""原来如此""啊，我明白了""确实""深有同感""好厉害""就是啊"……如果你能适时地给予积极的回应，说话的人就会更容易继续说下去，谈话也会更轻松。

在日本，捣年糕时会适时给年糕沾点儿水，捣年糕的人就能更舒服地做年糕了。这是一个道理。

这些都是**意识的交流**。看着对方的眼睛，表示"我在和你说话哟"或者"我在听你说话哟"。通过点头和附和让说话人安心，让他们觉得"啊，有人在听我说话"。

除了语言，眼神、表情、动作等非语言形式也都有助于交流。这些会**使人感到进行了一场愉快的谈话，并感到彼此更加亲近。**

许多处于青春期的初中生和高中生不好意思与他人进行眼神的交流，但这只是一个习惯问题。你越早练习并克服它，以后做起来就越轻松。

4. 主动打招呼，关键是再多说一句话

问候是和对方建立良好关系的基础，是为了向他人传达"我不是你的敌人"。所以，如果你想跟人更亲近，想拉近彼此的心灵距离，最好**主动去搭话，让别人知道你在向他敞开心扉。**

此时，**声势很重要**，你要大声地讲出来。你不希

望在与人交谈时被忽视,但实际上,有些时候对方可能并没有忽视你,他们只是没有听到你说的话。如果你的声音很小,他们没听到你说话的可能性就更大。因此,请大声清晰地说出来。

"XX,早上好!"直呼对方的名字,这将更有效地传递信息。

更重要的是后面的内容。**不要只说"你好"就完了,最好还能说点儿别的。**

可以从简单的东西开始。如果你不知道该谈些什么,那么谈论天气是稳妥的。因为谈论天气不会伤害任何人,而且对任何人来说都很容易产生共鸣。

在问候之后立即开启一个个人话题是很危险的。如果你没办法让人觉得跟你交流时心情舒畅,你就无法接近他们。

注意,不要在个人问题上聊得太深入,特别是在你们彼此还不够亲近的时候。如果你不小心踩到了雷区，将很难挽回。

除了天气，谈论当下流行的东西、食物、当地的新闻、目之所及的事物，或者其他你们可能有共同兴趣的轻松话题都是不错的主意。**如果你能找到引起共情和共鸣的东西，那么从这里开始拓展话题就会更容易。**

5．不能握手的时候就拍手，让我们行动起来吧

点头和附和都可以表示共鸣，但我更推荐的是拍手。**拍手既可以表示共鸣和赞同，又可以表示喝彩和支持，也可以理解为感谢。拍手是世界通用的非语言交流方式。**

为了向拯救新冠病毒感染者的医护工作者表示感谢，英国人发起了一项为医护工作者鼓掌的仪式，这一仪式迅速在世界各地流行开来。人们在特定的时间，从窗户、阳台、屋顶，向医护工作者发出感谢和支持的掌声。日本的某些地方也出现了这种做法。

即使在网络上,如果有人说了件让人开心的事,也会有人说"好啊",然后鼓起掌来。你可能听不到鼓掌的声音,但你可以在屏幕上看到拍手的动作。**这样做的意义在于,听者通过调动自己的身体给出了积极的回应。**

不仅是拍手,我在这里提到的七种诀窍都是用身体回应的方式。

跟有良好回应的人在一起令人心情愉快。

做个积极回应的人吧。这样可以提升别人对你的好感度。有针对性地做出回应可以缩短心灵的距离。

在有些国家,人们通过握手或拥抱来表达友善。但是,为了防止新冠病毒感染而避免肢体接触,人们开始用碰肘来代替握手。这也是一种用身体做出的回应。

人的优势是,即使不能继续做某件事,我们也能很快想出一些替代的方法。

足球运动员用碰肘代替握手。（2020年3月，法国）

附录 缩短心灵距离的七种方式 | 151

试着接受新的问候方式不也很好吗？如果意气相投，你们可以手肘相碰，表示喜悦。而且，如果我们能创造出属于自己的问候方式，也会让我们和朋友们在一起时的气氛更加活跃。

6.跟着节奏调整呼吸，体会认同感

缩短心灵距离的**最好方法是与他人保持一致**。当我们一起跳舞、唱歌或演奏乐器时，我们会获得认同感。这是因为我们的身体节奏和呼吸是互相配合的。

也许你曾经历过这样的事情：跳舞或演奏乐器时，起初大家都是各干各的，但随着练习的次数增多，你们开始互相配合。当你们配合默契时，那是令人振奋的，你们会为彼此是最好的伙伴而感动。

当你能与他人配合默契，体验到认同感的时候，就会产生极大的快乐。

羽毛球和乒乓球等运动都有双打项目，这需要运

动员配合默契。虽然他们不是以同样的节奏做同样的动作，但如果搭档之间的配合不够默契，他们就容易犯一系列的错误。

如果传球时队员不能进行良好的配合，足球和排球等团队运动的效果也不会很理想。相声和喜剧演员也需要配合，演员之间你来我往，配合得好，节目才会有意思。

"合拍"经常被用来形容两人之间有默契，如果你和朋友能做到这一点，**你就能更好地与他一起共事了。**

步行不需要任何工具或技能就能体验。试着和别人一起走走，家人或朋友都好。为了以相同的速度行走，你需要感受对方的步幅和速度，并与之协调一致。如果你感觉到他们的呼吸节奏，并尝试配合他们，你将能够与他们保持同步，感受到一种愉快的认同感。

然而，过度配合对方，就会失去自己的节奏，让你变得苦恼和沮丧。**重要的是，去感受对方的心意，并做出积极的回应。**

培养自己配合和感知对方气息的能力吧。知道如何用身体做到这一点，将在未来的许多方面帮到你。

配合是合拍的一个重要因素。

"我们是否合拍，是否能相处融洽，取决于我们各自的性格，这不是我们自己能决定的。"

你会这样想吗？

而我要说的是，这与性格无关，只要你有意与人配合，就有可能与他们相处融洽。

减少与你不合拍的人，这不是很好吗？

7. 不要拿语言当凶器

能说有趣的话逗大家笑的人会很受欢迎。我很欣赏为了让人感觉轻松而努力逗人发笑的态度，**但一定**

不能以伤害别人的方式进行。你不能为了取乐，就拿别人的自卑情结或身体特征开玩笑。

有些人认为开玩笑与欺凌不同，但只有喜剧演员才可以被玩笑戏弄——他们的工作就是让人发笑，他们可以从中获益。

这一点你应该牢记在心。

想一想：如果我这样说，对方会怎么想？如果你处在他们的位置，你会怎么想？如果你关心的事情被别人拿来取乐或嘲笑，你会是什么感觉？好好想一想，你会明白这一点。

如果一个人不能考虑语言带来的恶意以及伤害别人的危险性，就说明他缺乏换位思考的想象力。

十几岁的时候，我们很容易想到什么就说什么。

"之前就想说了，你穿衣服的品味太差了。"

"你那个性格，最好改一下。"

你说过这样的话吗？

"老实说,有什么不对呢?"你要是这样想,就需要注意了。诚实没有错,错的是你说话的方式。诚实不意味着你可以说一些让别人不舒服或伤害他们的话。

日本有句谚语说:"言语也有棱角。"**你需要练习礼貌地表达。**乱说话没有任何好处。

那么,你如何才能解决这个问题呢?

要想与某个人缩短心灵的距离,你需要考虑使用什么样的语言。

你不会对想亲近的人说粗鲁的话。即使是那些急于说出自己想法的人,也会对自己的措辞进行一番思考,以礼貌的方式说出来。

经常思考这个问题,并用正确的方式表达出你的想法。言语具有鼓励和激励的力量。然而,一旦使用不当,它们也可能成为凶器。说话不小心,就像是挥舞着致命的武器。如果你有这个不好的习惯,应该尽快改正。

不要怪性格，行动起来

很多人认为，是性格阻碍了他们的发展。这些人说："我知道打招呼很重要，但我太害羞了，没有勇气与人交谈。"

然而，性格与打招呼没有什么关系。问候是一种反应。**如果你做不到，那是因为你的身体反应迟钝。**

例如，如果你有机会做一些兼职工作，每天微笑着对顾客说"欢迎光临"。一段时间后，你就能在日常生活中轻松地与人打招呼。

一旦你恢复了反应能力，即使你的性格没有改变，你也能毫无困难地跟人打招呼。

在电视名人和喜剧演员中，有很多人说他们性格内向，不善于与人交谈，或者说他们性格内向，内心忧郁。而他们之所以能够在舞台上放飞自我地表演，是因为他们努力提高了自己在公开演讲和搞笑方面的技能和技巧。

他们并没有改变自己的性格，使自己成为一个与众不同的人，而是通过**发展技能和技巧，取得了舞台上的成功**。他们原来的性格是什么样的并不重要。

不要再为你的错误而指责性格了。如果你认为是性格的问题，就很容易认为："这是我的性格，没法改变……"或者认为："我就是没有这个本事。"事实上，你可以学习一种技巧，一种技能，让自己焕发光彩。

人们可以通过改变他们的行为做出改变。

拉近心灵距离的七个诀窍都是具体的行动。做还是不做呢？不做就学不会，只有去做才有可能改变。

我希望更多的人能够与他们想要交往的人和谐相处。

结语

2020年春天，一种新型冠状病毒的全球大流行使人们平静的日常生活陷入了停滞。学校关闭了近三个月，毕业典礼、入学典礼以及其他各种活动都被取消了，社团活动也受到了影响。当奥运会被宣布延期时，许多人感到震惊。

有时你可能会感到焦虑和沮丧。但是年轻人，**请不要失去希望**。请不要放弃，不要认为你的所有努力都会白费。**不要停止思考**。

新型冠状病毒是一种可恨的病毒，它夺走了亲人的生命，也夺走了作为你留作青春记忆的重要事件和活动，对此你无能为力。但任何事情都有积极的一面。新型冠状病毒也是如此，它震撼了世界，引起了变革，人们寻找更好的方法来做力所能及的事情。

当我们说保持社交距离时，全世界的人都知道这么做的理由。来自世界各地具有不同意识形态、信仰和文化的人们，正试图遵循相同的行为准则，这是一件具有划时代意义的事情。

网络会议、网络课堂和线上工作的观念得到了迅速发展。这意味着新的时代正在到来，我们每个人都必须在各种情况下做出自己的选择。是去学校学习还是在网上学习？是想亲自去见你想见的人，还是在网上与他们视频交流？

你在生活中有了更多的选择。未来在不断被拓展，不断在改变。

要想在今后的时代里生存，关键是采取主动。

你能主动思考问题并做出相应的行动，而不是等待别人告诉你该怎么做吗？

我们每一个人都必须积极、自主。我相信，自主的核心是拥有独处的勇气。**不惧怕独处和享受独处，这是与他人保持良好关系的重要因素，同时也是积极主动的生活方式的轴心。**

新冠疫情在全世界范围内带来了消极的影响。然而，你应该积极地接受它带来的变化，适应它，并将其转化成对你有用的东西。

请积极主动地面对这种危机。你还年轻，头脑灵活。我希望你能变得稳重，以更好的自己和更好的世界为目标，坚强地生活下去！

2020 年 7 月

斋藤孝

什么是真正的聪明？

新手少年的大人生攻略

分数不代表我的人生。

日语版全系列累计销售 26万册+

在学校里，分数是衡量一个学生聪明与否的标准。一旦进入社会，衡量聪明与否的标准就会骤然改变，从"会学习"变成"能够适应社会"。为了拥有幸福的生活，在初中和高中阶段，你可以做好哪些准备呢？

日本千万级畅销书作家斋藤孝传授让你一生受用的思考方式！
一本书帮你梳理人生，链接未来，
重新定义上学的意义、学习的目的和方法！

什么是真正的内心强大？

新手少年的大人生攻略

输得起比赢更重要。

日语版全系列
累计销售
26万册+

学习上的失败、与朋友交往的不顺、内心的自卑、对未来的恐惧……
如何战胜生活中的逆境？学校里可不教这些！
身处逆境时，请记住：飞机逆风飞行，顺风是飞不了的。

日本千万级畅销书作家斋藤孝传授让你一生受用的思考方式！
一本书帮你练就坚不可摧的心态，支撑你度过人生的每一天。